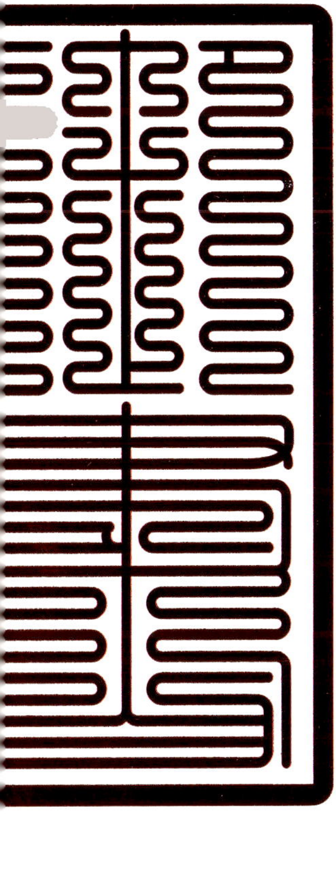

南宋書房
NANSONGBOOKS

何为生活，何以为美？

前言

人们常说“衣食住行”，把“衣”排在首位，甚至排在“民以食为天”的“食”之前，其重要性可见一斑。服饰从上古时期用来裹身的兽皮，发展到现代种类繁多、材质各异的衣服，既体现了纺织、印染等工艺的进步，也体现了人们对美好生活的追求。“衣”指御寒保暖、遮蔽身体的衣服，也是指与服装相配的衣饰，可以彰显或区分身份地位。宋朝人的审美是含蓄、婉约的，但对服饰之美的追求又不乏大胆之举。宋朝的服饰在样式和材质上，留有秦汉的影子，也受到了其他民族的影响，并在此基础上，形成了独特鲜明的风格，在中国的服饰史上留下了光彩夺目的一笔。

如果说盛唐的服饰是鲜艳、绚烂、张扬的，那么宋朝的服饰相比之下就显得低调、内敛、含蓄。现在越来越多的人喜欢汉服，其实很多汉服都承袭了宋朝服饰的风格。研究宋朝服饰，不仅可以全面了解宋朝不同种类服饰的特点，也能一窥当时社会的整体风貌和经济文化的发展情况。

宋朝服饰的流变与宋朝人的生活环境、政治背景、经济发达程度等密不可分。在注重理学、服饰等级分明的宋朝，何等人穿什么样式、颜色的服饰都明确写在了律法里。从官员的“公服”，可以看颜色明品阶，从百姓的“平民服”，可以看样式明职业，而儿童的服装没有现代的“童装”之说，是成人服饰的缩小版，但在颜色上可以不受拘束、百无禁忌。

宋朝历代皇帝的喜好从简朴到奢华。开国皇帝宋太祖崇尚质朴，常穿粗布麻衣，并将旧衣麻鞋赏赐给臣子，这种勤俭风格在宋朝有所延续。但后来的帝王后妃也不乏奢华的服饰，礼服上金、银、珠翠、玉石、玛瑙统统堆砌上身，繁盛耀目。或简朴或奢华，宋朝的服饰就是如此，虽然矛盾，但胜在真实。

“圣朝祖宗开国，就都于汴，而风俗典礼，四方仰之为师。”宋朝后妃服饰是当时潮流的“风向标”，从大袖的颜色到裙子的褶皱，从服饰的纹样到搭配的妆容，只要不违背规制，都令民间趋之若鹜。后宫妃嫔的生活富足安定，拥有大量的闲暇时间，一琢磨出服饰花样的新想法，自然会有文绣院、绫锦院等机构去着力实现。

宋朝官员一年四季的朝服、公服、时服等服饰均由朝廷发放。这种穿着免费公服的快乐，是其他朝代的官员所不敢想象的。上身穿着寓意“天圆地方”的方心曲领的朝服，尽显端正、严肃，而下身依循“上衣下裳”的古制，穿的是裙子，裙里竟

是方便、清凉的开裆裤，在今人看来，不免透露着一丝放荡不羁。上朝的官员们还需佩戴能够隔开一米“安全距离”的幞头，以避免在朝堂上交头接耳。因沿袭男子插头花的唐朝遗风，宋朝官员的幞头上还会装饰鲜花或金玉，堪称一道特别的风景线。可见，宋朝形成了特殊的官服服饰礼仪制度。

论起服饰花样之多，千百年来，男子服饰都不是女子服饰的对手。广袖褙子、抹胸襦裙不一而足，可长可短的裤子、高矮不一的鞋靴……尽显女子服饰多种多样、多姿多彩的美。不只是绫罗绸缎，在各种刺绣、印花、洒金、印金的技术加持下，宋朝闺秀的衣柜，可能丰富、华美得超乎你的想象。不同时节有不同的服饰，各阶层的宋朝女子都有各自的服饰风尚。男子服饰还要受身份、地位的限制，女子的就随心所欲得多。

素有“一寸缂丝一寸金”的缂丝被称作“织中之圣”，在宋朝一直是皇家御用品，用来制作帝后服饰、御真（御容像）、摹缂名人书画等。“承空观之如雕镂之像”，缂丝花纹的艺术价值往往高于临摹的原作。宋朝留存下来的缂丝精品，能带我

们穿越千年的时光，去目睹宋朝绣娘是怎样挑经显纬，织就了巧夺天工的缂丝。

宋朝的服饰工艺还体现在战士的铠甲上。都说宋朝重文轻武，实际上宋朝拥有最好的重装步兵，其铠甲在中国历史上最重，整甲近 60 斤，能扛得起重甲上阵杀敌的都是真勇士。除了眼睛之外，其余身体部位重甲都能严密防护，极大保护了步兵的身体要害，是战马缺乏、骑兵稀少时的明智之举。除此还有遇水后更加坚固的纸甲，大受宋朝海军的欢迎。

被冠以“弱宋”之名的宋朝，在 300 多年的历史里，有发达的商业做支撑，在服饰上拥有独特的坚持和追求。宋朝的风韵在经纬交错的纺织品里，在一针一线的刺绣中，在缂丝的线条里，在印金的花纹里，在呼啸而过的历史故事里。

目录

皇宫内的审美时尚

一蓑烟雨任平生 官员士大夫服饰

寒光照铁衣 宋朝士兵的服饰

皇宫内的审美时尚

宋朝皇帝都“嫌”麻烦的冕服

冕服是古代封建制度下最高级别的一种礼服，一般由冕冠、玄衣、纁裳、白罗大带、黄蔽膝、素纱中单、赤舄等构成。

冕服等级主要以冕冠上“旒”的数量、长度，以及衣、裳上装饰的“章纹”种类、个数等来做区别。按照周制，冕服最高等级是大裘冕，到了明朝的时候，天子六冕才被衮服取代。

冕服的定制，传说殷商时期就已经出现了，到了周朝变得规范、完善。六冕，是古代天子及诸侯、卿大夫的六种服色，有大裘冕、衮冕、鷩冕、毳冕、希冕、玄冕这六种。

虽然冕服几乎历代皆有，但留存下来的画像比较少，马麟的《夏禹王立像》轴当属难得一见的珍品。

淳祐元年（1241）时，宋理宗赵昀在太学做了《道统

（宋）马麟《夏禹王立像》轴，台北故宫博物院藏

十三赞》，完成后命令在画院任职的马麟将其绘制成图像，用此来彰显自己的政治理念。当时绘制的画像现今只剩五幅，合称“道统五像”，《夏禹王立像》轴就是其中之一。

画像上的夏禹王手持如意笏，头戴九旒之冕冠，身披龙袍，端正、庄严地立于画面正中。画像上还有宋理宗的亲笔题赞。

夏禹这一身是皇帝冕服的“标配”。皇帝在特定场合穿着冕服，如郊祭，明堂大祀，元旦大朝会，上尊号，册封皇后、太子之时。皇帝冕服上绣有十二种纹饰，又称“十二章”，图案有日、月、星辰、山、龙、华虫、宗彝、藻、火、粉米、黼、黻。皇帝头戴十二旒冠，周之诸侯王公之旒有九、七、五之分。

宋朝的皇帝冕服上还搭配有“方心曲领”。“方心曲领”是为了防止内衣领从外袍衣领中溜出来而有失斯文，在内衣外面加的领子，从而使衣服更加伏贴。这种方心曲领只许一定级别的官员上朝时穿戴，但由于唐朝末年的战乱，宋朝时已找不到现成的方心曲领样式。前朝的范本难寻，宋朝官员就根据记载自行研究，推出了有宋朝特色的方心曲领。从此，宋朝官员的脖子上便戴上了一个白色圆圈，圆圈下面是个正方形，后面还有两条绳子绑在官员的后颈上。这个白色的小圆圈，在官员穿朝服和正装的时候必须戴上。由于宋朝时中日交流增多，这款方心曲领流传到了日本，在日本也流行了一阵子。

《宋史·舆服志》记载，在宋朝初时，“冕版以龙鳞锦表，上缀玉为七星，旁施琥珀瓶、犀瓶各二十四，周缀金丝网，钿以真珠、杂宝玉，加紫云白鹤锦里。四柱饰以七宝，红绫里……红蔽膝，升龙二并织成，间以云朵，饰以金钑花钿窠，装以真

方心曲领，《宋宣祖坐像》轴（局部），台北故宫博物院藏

珠、琥珀、杂宝玉”。这种复杂的装饰加上金玉珠宝的重量，增加了冕服穿脱的难度。虽然皇帝穿衣不需自己动手，但需站着等宫人左一层右一层地往身上加衣服、戴配饰，整个流程

烦琐耗时。所以，宋朝皇帝为了给自己“减负”，即使重大节日也不愿意穿着冕服，还把精简冕服的意图明令传了下来。

冕服的改制经历了几个阶段。宋太祖赵匡胤最先对冕服“下手”，乾德元年（963）少府监杨格、少监王处讷等上新造皇帝冠冕，“郊祀冠冕，多饰以珠玉，帝以华而且重，故命改制之”，但收效甚微。

到了宋仁宗赵祯即位之初，实际的执政者为章献明肃太后刘娥，刘娥喜着帝王服饰，并多次就礼服细节大做文章，使衮冕进一步华丽化。明道二年（1033）章献太后崩，仁宗亲政之后，开始了多次关于衮冕简化的讨论并颁发改制令，但在执行中屡屡失败。仁宗至和三年，即嘉祐元年（1056），翰林院学士王洙上奏说：“天子法服，冕旒形度重大，华饰稍繁，愿集礼官参定。”但也只是去除了一些烦琐的装饰，稍还古制，大体上变化不大。

无独有偶，宋英宗赵曙在位时，知太常礼院李育同其他大臣一起上奏：“东汉至唐，史官名儒，记述前制，皆无珠翠、犀宝之饰，何则？……国朝冕服，虽仿古制，然增以珍异巧缛，前世所未尝有。”大臣们认为冕服过于华丽，发出了冕服从简的呼声。

到了宋神宗在位时期，争论的话题不再是冕服本身，而是是否应穿着与四时配套的装束。陆游的祖父陆佃上奏时表示，穿大裘和裘服时应该戴同样的帽子，外面要罩一件衮服，冬天的时候衮服里面穿衮皮服，夏天热的时候可以只穿外面的衮衣。争论来争论去，大的方向其实没改变多少。后来大裘冕虽又有改动，但基本上是根据定制略有增减而已，并未产生革新。

改制的道路可谓艰难重重，宋朝皇帝另辟蹊径，心想既然冕服不让大动，那重大日子不穿总行吧。于是很多大典，宋朝皇帝不穿冕服就现身了。等到宋徽宗在位时，冕服改制才算取得了一小步的“胜利”，去掉了很多烦琐、华贵、颜色各异的装饰，冕服变得更端庄、简约了些。

宋高宗赵构在位时期，冕服基本延续了宋徽宗时的形制。宋人冕服制度的更改，与政治集团的势力消长有一定关系，政治因素对这一制度产生了重要影响。

宋朝皇帝的朝服——通天冠服

朝服，也叫“具服”，并非君臣上朝的普通服装，而是在大朝会、祭祀、拜表等重大场合穿着的礼服。其服装结构和冕服类似，也包括衣、中单、蔽膝、佩绶等。和祭祀冕服戴冕不同，朝服戴冠，如天子戴通天冠，皇太子、诸王戴远游冠、七梁额花冠，文官戴进贤冠，武官、侍臣戴武弁冠，大理寺、刑部等执法官员戴法冠。

通天冠服是天子在大型礼仪场合所备朝服，《宋宣祖坐像》轴中宣祖所穿便是标准的宋制通天冠服。

宋宣祖赵弘殷本人并没有做过皇帝，死后由宋太祖赵匡胤追封。但是宋宣祖这一身装扮却是宋朝皇帝朝服的模板。

《宋史·舆服志》记载，宋代天子朝服为通天冠，后改称“承天冠”，也就是“二十四梁，加金博山，附蝉十二，高广各一尺”。皇帝身上穿着的是“绛纱袍，以织成云龙红金纱为之”。红色内里，领口、袖口、襟、裾边缘都是黑边；系着的纱

《宋宣祖坐像》轴，台北故宫博物院藏

裙和蔽膝也用绛色，蔽膝上有联珠纹圈成的团花，边缘很宽，也描有云龙纹；内衬白纱中单，颈部戴着白罗方心曲领，脚穿白袜、黑舄，另挂佩绶。

宋宣祖头上戴着的是通天冠，属于皇帝礼服制度里的一种礼仪性梁冠。它也叫卷云冠、高山冠，因为外形像一座山，高一尺，用铁做冠梁，共有卷梁二十四道，卷梁宽一尺。宋朝皇帝戴的时候还会戴一支玉犀簪。通天冠在大朝会、大册命、亲耕籍田等重大礼仪场合才会使用。皇太子在大典礼的时候会戴远游冠，有十八梁。梁数也成为区分身份地位的标志。

宋宣祖身上的绛纱袍是皇帝专属的礼服，与官员的朝服相比，整体式样差别不大，但材质更加舒适、纹饰更添华丽，可谓气象庄严。

宋宣祖脚上穿着的是赤舄。舄，履也，即鞋子。天子赤舄是一种重木底鞋，也是古时候最尊贵的鞋子。古代关于鞋子的称呼很多，有屦、履、屩、屐、鞮等。屦是一种薄底便鞋，材料主要有草、麻、皮、丝等。履是鞋子的总称，凡作为礼服的鞋，均可称为履。君王封赠土地称为“赐履”，官员去上任称为“履职”。舄属于履类鞋子里最高级别的鞋子，在商周时期，贵族男女只有在祭祀的时候，才会穿着舄。舄还会由专人管理，负责管理舄的称为“屦人”。

舄除了能代表身份地位，其设计也很用心。皮质或布质内底的下方加了一层木底，以防在祭祀时被露水或雨雪浸湿。礼服一般都很宽大，为了避免被人踩到或被绊倒，舄的前端通常会采用翘头设计，造型优美，兼具实用性。有花瓣状的重台履、向上翻卷的云头履，还有两边分岔上翘的岐头履等。

舄的表面通常会染色，天子为赤，皇后为玄。《东京梦华录》中记载："更换祭服，平天冠二十四旒，青衮龙服，中单朱舄，纯玉佩。二中贵扶侍，行至坛前。"可见，天子穿祭服时着朱（赤）舄。

按照宋史记载，天子朝服应着黑舄，宋宣祖这张画像里穿着的却是赤舄。这应该是宋朝初期延续前朝规制所致。在这之后的宋朝皇帝，就以穿黑舄居多了。

虽然宋太祖在位时就提倡简朴，但是随着宋朝经济日益发达，宋朝的皇帝多穿丝鞋，甚至在朝会的时候也穿精致丝鞋。在南宋时期，宫中还设有制作、管理丝鞋的“丝鞋局”，专门为宫内挑选御用的丝鞋，所藏丝鞋数量非常庞大。遇到大型庆典，皇帝还常常赏赐百官丝鞋以示恩宠，宋朝名将吴珙就获得过数百双宋高宗穿过的丝鞋。等到宋孝宗继位，皇帝只在上朝时穿丝鞋，回宫后就换上罗鞋，这之后“丝鞋局”被撤销。

丝鞋、罗鞋精致价昂，并非人人能穿。宋朝普通宗室和文武大臣在上朝及礼见时要穿黑色的皮履，即“皂皮履”。民间或低级官吏、差役会穿靴，多由皮或帛制成。《释名》中说：“靴字不见于经，至赵武灵王始服。”战国时期，赵武灵王推行胡服、教练骑射，锐意改革，北方游牧民族的靴子开始传入中原地区。因此靴子的形制受到了胡服的影响。靴的式样主要有中筒和高筒两种，也有快靴和草靴等低筒靴。靴筒的材质有好有差，好一点的选用皮、布、毡，差一点可以用草；靴底一般都是皮或布，也有在布底上缀皮子的。

北宋皮靴，喀什市博物馆藏

宋朝的靴子样式延续了唐朝，但是在靴筒的颜色上有着不同的审美。唐朝的靴筒多为乌色，文官武官都会穿乌筒靴，在新疆柏孜克里克千佛洞出土过长筒乌靴的实物。宋朝的靴筒则喜用红色。《宋诗纪事》有“红靴玉带踏筵出”的句子，大诗人苏东坡也有过“细马远驮双侍女，青巾玉带红靴”的词句。

对于宋朝的平民百姓来说，最常穿的是草鞋和布鞋。尤其是草鞋，自己就能动手编，材料足够的话还能常换常新。但编草鞋是一门手艺，并非人人都会，因此宋朝有不少出售鞋履的铺子。草鞋的好坏取决于用什么草，以及编织的手艺。草鞋编得好，还能编出名头，南宋苏云卿就以做草鞋闻名。苏云卿品行高洁，过着隐士的生活，靠卖草鞋维持生计，薪米不乏。他夜里编织草鞋，“坚韧过革舄，人争贸之以馈远”，草编成的鞋比皮革制成的鞋还结实，可算是物美价廉、品质良心。

《宋太祖坐像》轴，台北故宫博物院藏

复制粘贴的宋朝皇帝画像

在没有照相机的古代，帝王们想向后人展示自己“伟岸”的形象，最好的方法就是留下画像了。宋朝从宋太祖赵匡胤开始，到哲宗、徽宗、高宗、理宗等帝王，都有画像流传。《宋太祖坐像》轴里宋太祖的这一身，就是宋朝皇帝常穿的朝服——衫袍。宋太祖赵匡胤头戴硬胎展翅乌纱帽，身穿赭黄、淡黄袍衫，腰间束红玉带，足蹬皂文靴。

有意思的是，除了太祖赵匡胤之外，剩下的皇子皇孙多是一身红袍，除了长相各有特点之外，头部以下就像“复制”“粘贴”而成。

这些画像上的服饰可算是宋朝皇帝画像的“标配”了，画中天子都头戴幞头，身穿朱袍或绛罗袍，腰间束朱带，双手平放于下腹部，脚上穿着皂文靴，笔直地坐在龙椅上。

除了身穿大礼服之外，宋朝皇帝画像中所着服饰基本只有两个颜色，一黄，一红。这两个颜色能得到宋朝皇帝的青睐，有其独特的原因。

皇帝喜穿黄色，早有渊源。“黄色”具备很强的象征意味，在汉代董仲舒“阴阳五行说”中，黄色是五色的中间色，代表中央；明代田艺衡的《留青日札》进一步阐述了黄色的衣服只有帝王能穿，也是祭天时要用的颜色。黄色成为皇帝专属的颜色，是从唐朝开始的。在唐朝之前，无论百姓还是官

《宋神宗坐像》轴，台北故宫博物院藏

《宋哲宗坐像》轴，台北故宫博物院藏

《宋徽宗坐像》轴，台北故宫博物院藏

《宋钦宗坐像》轴，台北故宫博物院藏

《宋高宗坐像》轴，台北故宫博物院藏

《宋宁宗坐像》轴，台北故宫博物院藏

员，都有穿黄色衣服的习惯。到了唐高宗在位时才明确下令，百姓和官员都不能穿黄色衣服，黄色成了帝王专属色。宋朝很多习惯都沿袭自唐朝，专属色自然也不例外。

黄色仍是宋朝皇帝喜欢的颜色，因为黄色象征着权力。宋太祖赵匡胤避明黄色，而选淡黄色，影响了后来的赵氏子孙，大家争相向太祖学习，明黄色反而不如淡黄色受欢迎。正因为如此，淡黄色成了宋朝皇帝偏爱的颜色。

关于淡黄色还有另外一种解释。相传宋朝开国初期的几位皇帝都非常节俭，太祖赵匡胤的衣服都是洗了又洗，颜色越来越淡，黄色渐渐变成了淡黄色。宋仁宗赵祯在位期间，不仅衣服是反复浣洗，色泽变旧，连寝宫内的被褥都成了暗淡的素色，很久都不替换。当时赵祯因病晕倒，大臣因此得见仁宗寝宫福宁殿的陈设，不禁被眼前与平民相差无几的素朴惊呆了。赵祯醒来后教育大臣，说道："朕居宫中，自奉止如此尔，此亦生民之膏血，可轻费哉？"

黄色是君权的象征，那红色又是为何受到了宋朝皇帝的喜爱呢？这要归结到战国时期阴阳家邹衍所主张的"五德终始"理论上来。"五德终始"源于早期的"五行"观念，那时候的学者认为，五行与每个朝代的国运息息相关。例如黄帝是土德，夏朝是木德，商朝是金德，周朝是火德。其对应关系为：土德对应黄色；木克土，木德是青色；金克木，金德是白色；火克金，火德是红色。

这一理论备受历代帝王推崇，因此各个朝代的皇袍，都有着各自的主色和特色。按照“五德终始”理论，宋朝属火德，对应的红色自然被宋朝皇帝视为正统。

虽然这个理论学说并没有什么科学依据，但红色因此被赋予吉兆的内涵。

画像上皇帝穿着的实则是履袍，包括黑革履和绛罗袍。皇帝举行祭祀仪式时着一般的履袍。皇帝的正经朝服是绛纱袍，一种深红色直领纱袍，庄重端肃，同时表现出宋朝崇尚儒雅含蓄、平淡简朴的审美。天子朝服的主体都是红色的，根据不同的场合会配上不同颜色和质地的衣饰。

按照规制，宋朝皇帝上朝时，穿的应是通天冠服，但是通天冠服里外多层、装饰繁复，几个小时的朝会下来，坐在龙椅上的皇帝难免疲惫不堪。于是，宋朝皇帝除了大祭祀致斋、冬至五月朔大朝会、大册命、亲耕籍田等重要场合外，着装一般以常服为主，舒适度是考量的紧要因素。对于大臣来说，朝会是向上司汇报工作，听从指示；而对于皇帝来说，朝会就是接见下属，安排工作，穿着可以不必过于正式，在合乎礼仪之余，自然首选舒服的着装。

走在潮流前端的宋朝皇后

皇后虽然贵为后宫之主，但在画像上却只能被称为某位皇帝之后，不能冠以自己的姓名。比如对《宋仁宗后坐像》上所画何人，就有过争议，因为宋仁宗赵祯有过两任“活着”的皇后，一位郭皇后，一位曹皇后，他还有一位“离世”的皇后张氏。

宋仁宗的第一位皇后是郭氏，虽然仁宗喜欢的是和郭氏一起入宫且容貌更胜一筹的张氏，但还未亲政的赵祯没能拗过刘太后。赵祯本就不太喜欢郭氏，她还仗着太后撑腰，限制赵祯去接近其他嫔妃，赵祯心中不满却又无可奈何。直到明道二年（1033）三月，刘太后驾崩，郭皇后失去了最大的靠山，她对当时赵祯的宠妃破口大骂，甚至对妃子动手，不慎误伤了上前阻止的赵祯。同年十一月，赵祯颁布废后诏书：“皇后以无子愿入道观，特封其为净妃、玉京冲妙仙师，赐名清悟，别居长宁宫以养。”

郭氏被废之后，赵祯立北宋名将曹彬的孙女曹氏为皇

《宋仁宗后坐像》轴，台北故宫博物院藏

后，赵祯宠爱有加的张氏，因为身份卑微，只能封为贵妃。张氏虽然没有封后，但一生都受到了赵祯的宠爱，甚至在死后她还被追封为皇后。赵祯全然不顾当时的曹皇后，以一己之力创造了令后人津津乐道的“一死一生两皇后”。

虽然赵祯名义上有过三位皇后，但是比较之下，大家都认为这幅《宋仁宗后坐像》轴画的应该是曹皇后，毕竟她陪伴赵祯的时间最长，而且更加名正言顺。画上曹皇后身穿的衣服名为“翟衣”，是中国古代后妃命妇最高级别的礼服，因衣服上绣着翟鸟花纹而得名。

翟衣是一种统称，包括袆衣、褕翟、阙翟三种，合称“三翟”，与男子礼服的“六冕”相对应。其中最贵重的是袆衣，只有皇后才能穿。北宋时期，皇后、妃子的礼服分为四等，依次为袆衣、朱衣、礼衣、鞠衣。到了南宋，后妃礼服被宋孝宗改为三等，皇后袆衣、礼衣，妃褕翟。据《宋史·舆服志》记载：“袆之衣，深青织成，翟文赤质，五色十二等。青纱中单，黼领，罗縠褾襈，蔽膝随裳色，以緅为领缘，用翟为章，三等。大带随衣色，朱里，纰其外，上以朱锦，下以绿锦，纽约用青组，革带以青衣之，白玉双佩，黑组，双大绶，小绶三，间施玉环三，青袜、舄，舄加金饰。受册、朝谒景灵宫服之。”

为了彰显身份，曹皇后所穿的袆衣还在领子、衣襟、袖口、下摆等位置饰有云龙纹，领口缀上了一圈珍珠。这样隆重的衣服，皇后只有在受册、朝谒景灵宫的时候才会穿，平日宴见宾客的时候则穿钿钗礼衣，一种类似翟衣而无翟纹的大袖连裳，颜色上并没有太多限制。

画像上还有两名宫人立在曹皇后身侧，看上去比曹皇后坐姿个头要小一点。实际上近身服侍皇后的宫人并非如画像中那么矮小，只是依据画像“主大从小”的惯例，大人物会画得大一些，小人物则画得小一些，以衬托大人物的威严。

画上除了曹皇后的袆衣外，最吸引人的是曹皇后和侍女头上戴的冠。曹皇后所戴之冠，名为“九龙四凤冠”。上面镂空雕刻了龙凤图样，还镶嵌着许多的珍珠、宝石。冠下方有两个像翘起的翅膀一样的饰物，叫作“博鬓”，用来遮掩两鬓的头发，通常只有贵族女子才会佩戴。

曹皇后身边侍女头上戴的冠，上面则插满了花朵，被称为“花冠”。

花冠上装饰的花朵一般不会仅由一种花组成，而是选用多种多样的花朵。冠上各色鲜花齐聚，是北宋时期的潮流。宋朝百姓喜爱花朵，时兴“一年景”，即把代表春夏秋冬四时的花朵聚到一起，满插头上，清新鲜妍。不过鲜花易凋零，四时真花很难共存，因此宋朝的花冠上常会用到绢花，也就是用各类丝织品制成的花朵。

九龙四凤冠，《宋仁宗后坐像》轴（局部）

曹皇后及身边侍女的脸上贴着的珍珠叫作“面靥”，是宋朝风行一时的时尚妆容。面靥最开始只是在面部的酒窝处点上红点，后来大家不满足于只在酒窝位置做文章，位置开始越发多样，形状也逐渐增多了起来。而画像里的曹皇后，用大颗珍珠装饰面部，别开生面，又富贵逼人。在北宋的其他皇后像里，例如《宋神宗后坐像》

花冠，《宋仁宗后坐像》轴（局部）

《宋神宗后坐像》轴，台北故宫博物院藏

轴里的宋神宗皇后也有着这样的珍珠装饰，皇后的衣服和冠规制大体相似。

面部装饰备受宋朝女子重视，胭脂水粉自然也不能落下。当时宋朝还流行一种“三白妆”，就是在额头、鼻子、下巴这三个地方，用白粉涂成白色，妆面效果有些类似现代化妆的高光，曹皇后和侍女都画着这种三白妆。皇后的眉毛也经过精心修饰。除了沿袭唐朝流行的柳叶细眉，宋朝还流行粗眉晕染的“倒晕眉”。

对比像复制粘贴一样的宋朝皇帝画像，曹皇后的画像可以说是处处精致。看似不经意之处却都是宋朝当时正风行的着装打扮。看来曹皇后不仅在朝政上有着“贤后”之称，在装扮方面也丝毫不逊色，是引领宋朝流行风尚的“潮人”呢！

差点引起“大乱”的宋朝宫女

在后宫里，除了地位尊贵的嫔妃，还有很多服侍嫔妃的宫女们。按照宋朝规制，宫中服侍的宫女主要分为六尚、二十四司、二十四典和二十四掌，每个官职分管的工作都不一样。宋朝时宫中设置了专门的机构在民间选拔宫女，有时候后宫中地位最高的女人——皇太后也会参与宫女选拔工作。宋神宗的母亲、宋哲宗的祖母，宣仁高太后就曾经“历选世家女百余入宫”。太后亲自参与的选拔，自然不是为了挑选普通的宫女，而是在挑选、教导宫女的过程中，为皇帝遴选品行良好的女子做妃子甚至皇后。

虽然宫女有着不同的工作，但是她们的日常穿着却相差不大。晋祠圣母殿（现今位于山西太原）中的塑像，是我国宋代雕塑的高峰之作。其中的彩塑宫女像为我们直观呈现了宋朝宫女们典型的穿着打扮——通常为上衣下裳或者上衣下裙，外面穿着褙子。

褙子属于宋朝的百搭款外衫，从后妃到宫女再到百姓都穿。褙子也被称为“背子”，始于隋唐，到了宋朝的时候才真正流行起来。“背子”名称的来源还有一种说法，因为宫女、侍女等为了更好地服侍主人，经常穿着这种衣服站在主人背后，因此得名。

《晋祠圣母殿侍女像》，山西太原

不只宋朝的女人，宋朝男人也穿褙子，形制稍有不同。宋朝女人穿的褙子一般是长袖、长衣身、腋下开衩，其实就是衣服的前后片在腋下没有缝合，在腋下和背后用带子作为装饰。褙子对于宋朝女子来说，一般做日常常服，以及次于大礼服的一种常礼服，四季皆可穿。它的形制也是多种多样的，袖子可宽可窄，衣服的长度可以齐膝，长一点还能到脚踝。

在北宋，女子能否参选宫女入宫，其基础条件是看出身。到了南宋，美貌则成了入宫的敲门砖。北宋的宫女很多都为“公卿大夫之女”，这一点和唐朝差别不大。很多宋朝的妃子

（宋）佚名《蕉阴击球图》，故宫博物院藏

是以宫女身份入宫的大臣之女，像宋仁宗的冯贤妃就是当时兵部侍郎冯起的孙女。史料记载“妃以良家女，九岁入宫”，这里面的“良家”并不特指公卿大夫之家，平民百姓家的女儿也可称为“良家”。

在宋仁宗的后宫中，多有“私身”出身的宫女。宋朝在宋太祖赵匡胤时期崇尚简朴，多次遣散后宫宫女，后宫中所有仆人加起来竟然一度只有200多人。等到宋真宗和辽国缔结澶渊之盟后，朝廷的作风慢慢从极简走向奢华，以致太祖时200多人的宫人编制远不够用，但是又不好违背祖制，“养女”“私身”就成了宋朝后宫中补充宫女的一大途径。“养女”一般靠后妃的关系入宫，打着服侍后妃的旗号，实则是后妃为了巩固自己的宠爱，有意让这些与自己沾亲带故的女子入宫，成为妃子，来一起博得帝王眷宠。宋仁宗的周贵妃就是“从其姑入宫，张贵妃育为女”。这位周贵妃最令人称奇之处便是活到93岁的高龄，历经5位皇帝。宋仁宗5个活到成年的女儿中有2个是她所生。

“私身”出身的宫女地位则要低很多，品行素质也良莠不齐。如果“养女”是后宫妃子们用来服侍自己、加固圣宠的高阶宫女，“私身”则是身份较低或为宦官收养、雇佣的宫人，虽然也称为宫娥，但“私身”宫女过得却连大户人家的奴婢都不如。因为“私身”的特殊身份，导致这一群体不像正规宫女那样有严格的挑选过程。“近岁以来，颇隳旧制，内中下陈之人，竞置私身。等级浸多，无复限极。监勒牙人，使之雇买，前后相继，无时暂绝。致有军营井市下俚妇女，杂处其间，不可辨识。”这段话出自司马光笔下，可见他对于“私身”很是不满。私自增设宫女，虽然不合祖制，却能很好地解决后宫人手不足的问题，朝廷也就默许了此事。没想到，这时的纵容竟然差点就让宋朝出了大问题。

宋仁宗赵祯一生都在为子嗣困扰，他共有 3 子 13 女，却只有 5 个女儿活到了成年，没有儿子一直是他的心病。

在庆历三年（1043），豫王赵昕夭折之后，朝廷大臣对仁宗之子继承大统便不抱希望了，建议仁宗立养子赵宗实为太子的呼声越来越高。赵祯却总是心有不甘，宠幸多位宫人，其中就有一个史传“有小龙缠其汲绠而出”的韩虫儿。韩虫儿被赵祯宠幸前是个普通的宫女。一日她正在井边打水，赵祯见有小龙缠绕在她臂膀上。也不知是不是眼花，但赵祯视此为天降吉兆，便认定此宫女可为自己诞下健康的皇子，即“尔当为我生子”。谁知，皇子还没有生下，赵祯就暴毙了，韩虫儿却在这时声称自己怀孕了。

《宋仁宗坐像》轴，台北故宫博物院藏

仁宗驾崩后，赵宗实已经在曹皇后和大臣的安排下继位，但如果韩虫儿腹中是男孩，赵祯的亲生儿子比养子更有资格坐上皇位。曹皇后不知出于什么心态，竟“遣宫人善护之”，把韩虫儿好好保护了起来。这一行为极大地刺激了赵宗实，韩虫儿怀孕，他来之不易的皇位有可能要拱手让出，这让赵宗实和曹皇后之间频生猜忌，现出裂痕。赵宗实继位时已经年过三十，曹太后还垂帘听政，诸事相加让这对原本亲厚的“母子”关系落到冰点。但在这场闹剧进行到高潮之时，韩虫儿终于坦白，怀孕事假，“云以免养娘笞捶，庶日得好食耳”，她不过是假借怀孕，以求少挨点打，吃点儿好的。一个宫女引发的闹剧，差点让太后和太后主力扶持上位的养子皇帝反目成仇。不得不说，世事变幻无常，小人物也能出其不意地左右时局、搅动风云。

宋朝太监不能把持朝政的秘密？

宋太祖赵匡胤黄袍加身成为皇帝后，非常警惕两种人：一种是手握重兵的武将，毕竟自己的皇位就是这么来的；另一种是朝夕相伴的宦官。唐朝后期武将叛乱、宦官弄权还历历在目，让赵匡胤不得不谨慎对待。宋朝初期，宦官的人数是历朝历代有宦官以来最少的。宋太祖规定宦官不得超过50 人。一方面是防止宦官专权，另一方面是在赵匡胤的引领下，宋朝初期宫里一直恪守着节俭朴素之风，用不上那么多侍奉之人。到宋太宗时期，宦官数量有所增加，规定宦官定员为 180 人。北宋后期宋徽宗时宦官数量急剧增加，一度达到 4000 多人。

《晋祠圣母殿宋内侍塑像》，山西太原

宋朝不称宦官为“太监”，一般称其为“内侍、宦者、内臣”，或“中官”。宫中也不称他们为“公公”，一般都以官职相称，宫外人也尊称其为“中贵人”。

塑于北宋元祐年间的晋祠圣母殿中的宦官彩塑像清楚地展示了宋朝内侍们的穿戴着装。

宋朝内侍一般戴着幞头，穿圆领长袍，束带，着靴。内侍的幞头没有脚，但在其他资料里也有两脚的情况出现。如《女孝经图》中随侍在皇帝身边的内侍头戴的幞头就有两脚，长袍沿边的色彩也更加丰富，不像官员长袍常为一色。图中还有宫女做男装打扮，在宋朝的皇宫中男装宫女并不罕见。宋朝服饰整体风格偏素雅，不管是文官还是内侍的服装，都比较简朴，不会用过多的颜色装饰。

在晋祠圣母殿彩塑中，有一尊塑像应是传令内侍。因为宋朝宫中有规定，内侍不得正视官家和娘娘，所谓“帝之威严，不可直视”。所以传令内侍的眼睛要有所避忌，微微看向别处，耳朵则要竖得高高的，避免漏听、错听命令。工匠们的雕塑极具细节，非常形象地还原了当时内侍的神态。由于长期以这种姿势听贵人们讲话，这位传令内侍的左眼看上去有点斜视，左面的耳朵也要比右面的大一点。

（宋）佚名《女孝经图》卷（局部），故宫博物院藏

太监是中国古代封建制度下的悲剧产物。想成为太监必须要先“去势”，即割掉生殖器，这个过程称为“净身”。由于古时候医疗条件有限，很多人在这一过程中因失血过多或感染细菌而丧生。因为雄性激素缺失，太监脸上没有明显的胡须，喉结不突出，声音尖厉。

据记载，最初在宫中的宦官并不全是阉人，从东汉开始才规定宦官必须是阉人。由于皇帝认为自己的“皇家血统”不容玷污，如果放任没有去势的内侍进入后宫，难免会忧心他们秽乱宫闱。古时候医疗不够发达，无法做亲子鉴定，没办法辨别孩子是否为自己的亲生子女。但后宫里又有许多事务需要男子去做，所以宦官这个特殊的群体应运而生。

宦官并非中国特有，在古代埃及、罗马、朝鲜等国都曾有出现，不过在数量和影响力上都不能和中国相比。宦官人数最多的朝代是明朝，号称有 10 万人。宋以前，宦官不仅服侍宫中众人，还服侍宫外的达官显贵，甚至只要有钱就可以购买到宦官。宋朝明确下令严禁民间蓄养阉奴，宦官成了皇宫专有的侍者。

虽然各朝各代多有宦官专政、乱政的情况出现，宋朝却没有这样的情况。甚至，宋朝的宦官还能带兵打仗，获得了上到皇帝下到大臣的敬佩和青睐。《宋史》记载的著名宦官有四十多人，其中二十多人有军功，还有不少封侯拜相的，这在中国历史上很罕见。通常人们对宦官的印象都是说话细声细气，喜欢翘兰花指，动不动就严惩下属。可以说，宋朝的宦官用“一己之力”扭转了人们对宦官的单一印象。

宋朝没有出现宦官专政，与皇帝定下的规矩有着密不可分的关系。首先，宋朝文臣的地位非常高，高到宋仁宗想给宠妃张氏的亲眷封个官，都会被包拯施以劝谏。文臣能左右皇帝的决定，皇帝要是过于宠幸宦官，文臣绝不会任由这种情况继续。很多宦官担任监军，是皇帝限制武将的工具，其中也有身怀卓越军事才干之人。宋朝宦官可以娶妻纳妾，品级高的宦官可在宫廷之外建造豪宅，出入还能乘坐轿子。这类现象曾被朱熹痛斥："古人置宦者，正以他绝人道后，可入宫；今却皆有妻妾，居大第，都与常人无异，这都不是，出入又乘大轿。"

历朝以奸佞臭名昭著的宦官几乎都是大贪官。宋朝给了宦官不错的待遇，北宋宦官的最高层领导（例如都知、副都知、押班）的月钱是 25 贯，这个工资水平基本和宋朝的知县持平。工资虽然不算太高，但还有其他福利，每月有禄米、春绢、冬绢、棉等，加上各宫的赏赐，到年老时足以维持不错的晚年生活。

在这样的环境下，宋朝出了几个勇武能战的宦官，秦翰就是个中翘楚。秦翰 13 岁入宫，在宋太宗、宋真宗时期多次参与抵御辽国以及讨伐赵保忠等战事。秦翰英勇作战，49 次负伤，屡立大功。他富有谋略，又善于领兵和团结将士，很受官家赏识，更加可贵的是，他从不居功，不揽权，不谋私利，刚正不阿。秦翰在 64 岁时突然暴病身亡，消息传出后，禁军中有不少人泣不成声，宋真宗也潸然泪下。宋真宗派人把袭衣、金带赐给秦家，还追赠秦翰贝州观察使之职，葬礼加等。

第二年，又追赠赐秦翰为彰国军节度使，并命文坛名宿杨亿为他撰写墓志铭。秦翰身居高位多年，去世后竟然家无余财，备受皇帝、朝臣、百姓的尊重。

一蓑烟雨任平生 官员士大夫服饰

出土最完整的织锦袍服

陆上丝绸之路，起于中国古都长安，经甘肃、新疆，到中亚、西亚，到达地中海。这条路是古代东西方文明的交汇之路，产自中国的丝绸是其最具代表性的货物。可惜在北宋时期，政府没有对河西走廊进行管控，到了南宋，更是无法涉足西北地带，以致北方陆上丝绸之路日益衰落。尽管如此，东西方的文化交流仍在宋朝人的生活里有所体现。

这件出土自新疆阿拉尔墓地，现收藏于北京故宫博物院的灵鹫纹锦袍，图案受到了波斯文化的影响。这件锦袍为交领右衽缺胯袍，袍长 138 厘米，通袖长 194 厘米，袖口宽 15 厘米，背后开衩，衩高 70 厘米。袍身为斜纹纬锦，袍里为浅棕色素绢，领口、袖口和衣襟外缘的部位都使用了羊皮。这件灵鹫纹锦袍是目前我国境内出土最完整的织锦袍服。

灵鹫纹锦袍，故宫博物院藏

锦是用不同颜色的经纬丝织出带有图案花纹的纺织品，因其生产工艺要求高，织造难度大，被称为古代最贵重的织物，有“锦，金也，作之用功重，其价如金”的说法。

这件灵鹫纹锦袍就是一件纬锦中的精品，经丝为黄色，纬丝有淡黄、黄绿、黑、白四色。由纬丝显示花纹，基本组织是三枚纬面斜纹。

灵鹫纹锦袍上的图案是宋朝流行的球露纹，也称“球路纹”，是一种以大圆为单元中心，四周围绕着小圆，中间配以鸟兽或者几何纹的图案。主体花纹是复式小联珠环组成的大团窠纹，中间以生命树为中轴，树根有葡萄纹，树的两侧为相背引颈而立，奋翼起飞的神鸟——灵鹫。灵鹫鸟在古代波斯教（琐罗亚斯德教）教义里是灵魂的守护神，生命树则象征着不朽。在圆环的间隙处有联珠四叶和四鸟团花纹，圆环的环内有几何连钱纹、龟背纹和古波斯风格的联珠纹。其图案风格受到了波斯的影响。除了主体纹饰外，还有联珠纹、方棋纹、龟背纹、小团花纹、球路纹装饰在四角空白处。这些纹饰都有吉祥的寓意，联珠纹表示太阳，象征着日神崇拜，有光明之意；方棋纹极具视觉秩序感，是基础的连续图案之一；龟背纹则取自神龟长寿之意。

灵鹫纹锦袍上的花纹复原图

锦袍的袖口处镶接了一段双雀栏杆花纹锦袖头，这种球路双雀、双鸟等纹样受到唐朝流行的“陵阳公样”的影响。陵阳公样是唐朝丝织工艺家窦师纶设计的装饰纹样，多为对称的形式结构。窦师纶曾在盛产丝绸的益州（今四川一带）做官，在继承优秀传统图案的基础上，吸收了丝绸之路传入的外来艺术，加入唐朝特色后延续使用。

宋朝丝绸花纹的特点是写实。宋朝画院主张画作细节逼真、形象生动，画一朵花，要能看出这朵花是在什么时辰、太阳处于什么位置时所画，这种极致写实的风格也体现到了服饰的纹样中。

（北宋）惠崇《秋浦双鸳图》，台北故宫博物院藏

明代书画家董其昌在《筠清轩秘录》里描述了几十种宋锦的纹样，有“青天落花者、倒仙牡丹者、紫滴珠龙团者、球路者、宝照者、柿红龟背者、樗蒲者、宜男者、龟莲者、青樱桃者、皂方团白花者、天下乐者、褐方团白花者、方胜盘象者、白蛇龟纹者、黄地碧牡丹方胜者……”随着宋朝经济的飞速发展，宋朝人在服饰上的追求较盛唐有过之而无不及，虽然

颜色上不甚鲜艳，但花样上绝不逊色。

宋朝官服一般由锦所制。宋锦作为一种高级丝织品，每年的五圣节，皇帝都会依据官员的等级，赏赐给他们不同件数的各类服饰，有袍、衫、袄、裤等，其中使用面料等级最高的是天下乐晕锦，也叫作“灯笼纹锦”。除此之外，还有簇四盘雕细锦、黄狮子大锦、翠毛细锦等不同品种的宋锦。除了被用来赏赐官员，宋锦还给宋朝带来不少“外汇”。宋朝因为地理环境所限，战马总是供不应求，于是朝廷就在四川、陕西和山西的马匹产地以及少数民族聚集地设立茶马司，专门用来以茶易马。除了茶以外，四川还设立了锦坊，专门织造一些少数民族喜爱之锦，比如宜男百子锦、青红被面锦等，作为交换物资。

凌晨就要起床上朝的宋朝文臣

如果为中国古代各个朝代的文人做一个幸福指数排行，那位居榜首的应该是宋朝的文人们。文臣在宋朝地位非常高，从宋朝石刻中文臣的站位就能够看得出，文臣永远站在臣子的最前端。

文臣形象石刻，南宋石刻遗址博物馆

在杭州的南宋石刻遗址博物馆里，文臣石像基本都身着宽袖长袍，束带，穿戴着宋朝独有的方心曲领，脚上着厚底浅帮的云头履。方心曲领上面还有“卍”字纹样，这是唐朝武则天在位时期流行的佛教符号，喻示吉祥。

在宋朝，官员只要穿着朝服，就必须戴进贤冠（一种涂漆的梁冠帽）或貂蝉冠（又叫“笼巾”，是以藤丝编成形，上面涂漆的冠帽）。冠上有梁，以梁的多少来代表官职高低。在南宋，有七梁冠、五梁冠，还有三梁冠、二梁冠。腰间的玉带也有区别，一至三品为玉带，四品为金带，五至六品为金涂银带，七至九品为黑银及犀角带。

梁冠（进贤冠），山东博物馆藏

宋朝官员的朝服，一般为朱衣朱裳，外面是绯色罗袍裙，里面搭配白花罗中单，外束罗料大带，并有绯色罗料蔽膝，腰上挂着剑、佩、锦绶，脚上穿着白绫袜黑色皮履。

朝服根据官职大小有所不同，六品以下官员就没有中单、佩、剑及锦绶。文臣腰带上悬挂的佩件可以分为两类：一类称作“德佩”，像是玉璜、玉珩、玉璧、玉环等各种玉器，起装饰作用，最贵重的叫作“大佩”，也叫“杂佩”，其实是用两种不同形状的玉佩串到一起，走路时佩环叮当；另一类叫作“事佩”，可以是一些小用具，如印章、巾帽等，有实用功能。

官员双手持着的是笏，根据地位身份不同，材质有所区别。先秦时期，天子之笏为玉，诸侯之笏为象牙，大夫与士之笏为竹。从汉朝开始，文臣上朝就用毛笔把所要上奏的事情写在笏上，类似于我们现在的记事本，记下要汇报的内容和皇上的旨意。

早朝对一个国家来说是件大事，宋朝对于官员上朝的时间有很明确的要求，即在五更时。宋朝将一天分成十二个时辰，一共一百刻钟。当时基本的计时工具有水漏、圭表、火钟、辊弹及机械计时器，北宋都城开封的更鼓制度就非常精密完善，为北宋官员上朝提供了准确的时间参考。等待朝会开始前的时间被称为“待漏”，官员们总要先到，不能让官家等。因此，为了方便这些提前等候上朝的官员，还有专门的“待漏院”，就是为官员提供一个“开会”前休息的地方。在等待的过程中还有专人进行点卯，就像现在的上课签到一样，防止有人趁着天黑偷懒迟到；要是有官员迟到或者不来，就会登记好呈给官家，怎么处置就要看官家的意思了。

待漏院还会为等待上朝的官员提供一些果酒，因为上朝时间太早，持续时间又长，总有些来不及吃早饭的官员。这个“商机”也被勤劳的宋朝小贩发现了，于是待漏院经常会售卖早点。那时候的开封，御街上经营饭店和早点摊的商贩们比上朝官员起得还早，油条、烧饼、粥粉、肝夹、点心……店铺里的火光照得御街一路通明。

到了南宋，都城临安（今浙江杭州）的早餐种类也是不遑多让。不仅有煎白肠、羊鹅时件、糕粥、血脏羹、羊血粉羹之类，还有烧饼、蒸饼、糍糕、雪糕等点心，种类可以说非常丰富。不过大家也不会吃得太多，吃饱了容易犯困，据《宋史》记载，很多官员都是早早到了待漏院后，坐在椅子上靠墙假寐，到点了会有人敲鼓提醒官员该去上朝。欧阳修曾就写过"十里长街五鼓催，泥深雨急马行迟。卧听竹屋萧萧响，却忆滁州睡足时"，诉说上朝"睡不足"之苦。

不用花钱就能领的“工服”

宋朝官员的着装十分丰富，根据场合穿着不同的服饰。在祭祀典礼及隆重朝会时，须着朝服或者祭服，平时一般都穿着公服，也称作常服。宋朝的公服基本承袭了唐代的款式，曲领大袖，下裾会有一道横襕，腰间束以革带，头戴幞头，脚穿靴或革履。

下图中的圆领素罗大袖衫是曾任文林郎、平江府长洲县（今江苏苏州）县丞赵伯澐墓内出土的。赵伯澐是宋太祖赵匡胤的七世孙，生活在南宋，其墓中出土衣物占大多数，形制丰富，涵盖了衣、裤、鞋袜、靴、饰品，织物品种齐全，有绢、罗、纱、縠、绫、绵绸、刺绣等。

这件圆领素罗大袖衫是其中最“大”的一件衣服，衣长 115 厘米，袖宽 95 厘米，通袖长 230 厘米，下摆宽 96 厘米。从这件衣服的款式来看，是公服。其材质为罗，是一种轻薄透孔的丝织物，通过绞纱与平纹交替，经线与纬线互相纠结，呈现条状孔路。圆领大袖内部接了小四衽，4 颗纽袢，内外的扣袢

圆领素罗大袖衫，浙江台州黄岩赵伯澐墓出土，黄岩博物馆藏

都在袖跟的位置，两侧衣身不开衩，是标准的宋朝公服形制。

我们常说的绫罗绸缎，在古代用来泛指各种精美绝伦的丝织品。其中，罗的工艺最为复杂。因为罗稀疏、清透的特性，一般用来做夏季服饰、刺绣坯料等。方孔的叫纱罗，花纹的叫花罗。罗是平常百姓无力负担的奢侈品，北宋张俞就曾写过“遍身罗绮者，不是养蚕人”，一身绫罗绸缎的富人中，竟没有一个是养蚕的人，辛苦养蚕缫丝的百姓，却穷得穿不起自己织造的华贵面料。

宋朝官服都是由朝廷制作发放的，当时专门制作官服的机构叫作“绫锦院”。

绫锦院相当于一家综合性的丝织院，主要负责织造锦、罗、绫、纱、绉、绢等各类高档丝织物。还有负责染色的染院、负责绣工的文绣院等多个部门。绫锦院的织造技艺代表了宋代官造丝绸织物的最高水平。绫锦院建立于北宋乾德四年（966），之后又分成东西两院；宋太宗时期，以京朝官、诸司使、内侍三人监领，下面的织工有 1034 个；宋真宗时期，锦绮织机就有 400 多张；宋神宗时期，对绫锦院进行了人员裁减，以织工 400 人为额。汴京（今河南开封）还有与纺织紧密相关的染院。为了获得更好的丝织品，官府在各个产丝的地方设有官办的丝织作坊。

单独官服这一项开支，就能拖垮入不敷出的国库。所以在很多朝代，皇帝并不直接发放朝服，而是以赏赐的形式给一部分，剩下的就需要官员自行筹措了。例如著名的唐代诗人杜甫在端午节时得到了唐肃宗赐予的夏衣，做了《端午日赐衣》一诗："宫衣亦有名，端午被恩荣。细葛含风软，香罗叠雪轻。自天题处湿，当暑著来清。意内称长短，终身荷圣情。"官员收到赏赐还要写"谢赐衣表"。清朝的官员也是如此，很多囊中羞涩的京官不得不长年借用官服，因为一件官服的价格非常昂贵。这样看来，宋朝官员的幸福指数要比其他朝代高多了，至少不需要自己花钱就能解决"工服"问题。

除了常规衣服外，宋朝的中高级官员还可以在其生日、受命、朝见、辞别、致仕等特殊的日子和场合，被赏赐特别的服饰。在皇帝登基或举行其他重大典礼时，官员有幸能得到袭衣、金带的赏赐。不过并非所有赏赐衣物都很贵重，素以简朴闻名的皇帝赵匡胤就曾把自己穿过的旧衣服赏赐给朝臣。虽然太祖的衣服大多是洗了又洗的旧衣，但对受赐的臣子来说，却是无价的珍宝、无上的荣耀。

不同等级的官员获得的“工服”也不相同。《宋会要辑稿 · 赐服》中就非常详细地记载了每年朝廷赐服的等级构成，“二府宰相、亲王、三师、三公、使相”等高级官员，每年端午节都可以获得全套公服，即完整的“五事”，包括“润罗公服、红罗绣抱肚、黄縠汗衫、熟线绫夹裤、小绫勒帛”一套。不仅如此，衣服的材料都是高级的真丝罗、縠、绫，另外还有两把银装扇子。低级的官员只有一件“紫平绝窄衫”。因为需求量过大，并不是所有的官服都由少府监提供，部分也会“外包”出去，所以当时民间的私营纺织业也很发达。

闲适舒服的官员燕居服——对襟双蝶串枝菊花纹绫衫

宋朝官员的服饰除了正式场合的朝服、官服之外，燕居服（家居服）占据了重要地位。赵伯澐墓出土的这件对襟双蝶串枝菊花纹绫衫就是宋朝家居服中的精品，整件衣服呈浅黄色，饰有大片的双蝶串枝菊花纹，在经历了 800 年的时间后，这件燕居服依旧纤毫未损、华光透亮、熠熠生辉，代表了南宋浙江丝织品高超的手工艺水平。

这件对襟双蝶串枝菊花纹绫衫，衣长 98 厘米，通袖长 182 厘米，袖宽 49 厘米，在领子、衣襟、袖口、下摆等处的沿口都镶有深褐色的衬边，在靠近下摆的地方有两条系带。

绫是一种斜纹地上起斜纹花的丝织物，在织物的表面呈现出叠山形的斜纹即冰棱纹，它是绫的主要特征。绫和罗一样，有花、素之分。《正字通·系部》中记载："织素为文者曰绮，光如镜面有花卉状者曰绫。"绫在汉朝之前就已经出现，

对襟双蝶串枝菊花纹绫衫，浙江台州黄岩赵伯澐墓出土，黄岩博物馆藏

汉朝多为散花绫。三国时期改良了绫机，可以织禽、兽、人、物等较为复杂的纹样。到了唐朝，绫的发展进入了新的阶段，作为官服的主要面料。唐朝诗人白居易在《杭州春望》中写道：“红袖织绫夸柿蒂，青旗沽酒趁梨花。”

宋朝沿袭了唐朝的官衣制度，绫、罗仍旧是官服用料。因为宋朝官员人数众多，绫的产地范围和品种都有所增加。除了原有的越绫、白绫、柿蒂绫、仙纹绫、白编绫、寺绫、方纹绫、狗蹄绫等，又增加了蓬州（今四川仪陇）的综丝绫，梓州（今四川三台）的白熟绫、白花绫，宣州（今安徽宣城）的熟线绫，阆州（今四川阆中）的莲绫等多个品种。在宋朝，绫除了用于高级服装之外，也常用于书画、经卷的装裱。

除了面料高级，这件对襟双蝶串枝菊花纹绫衫的珍贵之处还在于上面的纹饰。舒展漫卷的枝叶间点缀着秀雅的重瓣菊花，蝴蝶被花香吸引，在花间翩翩起舞。两只蝴蝶无不栩栩如生，灵动飘逸。一只展开双翅，另一只翅膀闭合，生动地展现出两只蝴蝶相互追逐、上下蹁跹的姿态。织造者对蝴蝶的触须、翅膀和后翅都做了稍微夸张、飘逸的艺术处理，显示

双蝶串枝菊花纹

出蝴蝶的身姿，传达出画面清瘦飘逸、清新淡雅的感觉。

菊花自古被誉为“花中四君子”之一，在宋朝文人的心中有着特殊的地位。菊花多为黄色，黄色被古人认为是正色，所以菊花也成了为人正直的代表。东晋陶渊明的诗句“采菊东篱下，悠然见南山”一出，菊花便成了花中“隐逸者”，形容一个人“人淡如菊”，就意味着此人气质清冷孤高，不会为五斗米折腰。文人墨客借菊花表明自己想要摆脱世俗名利与尘世纠葛的志向，以及对淡泊生活的向往和追求。南宋时期，临安每年都会举行菊花盛会，在《杭州府志》中就有记载：“临安有花市，菊花时制为花塔。”宋朝末年史铸撰写的杂记《百菊集谱》里共记载了 131 个菊花名品，从中我们可以看出宋朝人对菊花的喜爱。

公元 1126 年底，金兵攻破北宋都城汴京，次年 4 月掳走宋朝皇帝宋钦宗和太上皇宋徽宗，宋朝（北宋）灭亡。建炎元年（1127）五月，太上皇宋徽宗之子赵构在残兵的拥护下逃到南京，登基为帝，划江而治。因为定都南方名城临安，且此时大部分的国土都位于长江以南，所以将国家称为南宋。赵伯澐生活的南宋初年，正是战乱之后，百废待兴。南宋宗室和百姓们经历了漫长的动乱时期，连连战败，举国上下意志消沉，便将一部分心思寄情于山水花草。菊花自带的清高淡

（南宋）朱绍宗《菊丛飞蝶图》，故宫博物院藏

然，恰巧符合人们当时的心境，受到文人墨客的喜爱。可见赵伯澐的燕居服使用了南宋流行的菊花纹，很是契合当时的社会审美喜好。试想一下这样的场景：赵伯澐脱去沉重的官服，换上舒适的家居服，衣服上菊花纹饶有情趣，将他带入桃花源般的隐逸之地，泡上一杯热茶，兴起时画上一幅画或吟一首诗词，想象自己居于山中，该是何等悠闲自在、旷达开阔。

宋朝宗室花纹各异的裤子

南宋赵伯澐墓内共出土 19 条裤子，其中 5 条都是开裆裤。如果说出土的对襟双蝶串枝菊花纹绫衫，能让我们见识到宋朝士大夫居家的闲适，那么这些出土的裤子则能让我们窥见宋朝官员的“另一面”。

古时候的裤子并不叫裤子，也并没有把整个下半身都包裹住。古代裤子，最初的名字叫作“胫衣”，是为了保护从膝盖到踝骨的部分，多为男子穿着。赵伯澐墓出土的绢面开裆锦裤就是两个裤腿分置，类似“胫衣”。但是穿着这样的裤子行动多有不便，尤其是骑马打仗的时候。所以就有了后来服装史上的一次大变革。战国时期赵武灵王推行“胡服骑射”，开裆裤演变成裤管和裤裆相连的合裆裤，目的是在骑马的时候保护大腿和臀部。为了和开裆裤区分开来，这种满裆裤多称为“裈”。裈属于内衣体系，不可轻易示于他人。要是上下马车的时候有贵妇在，还不避讳的话，是可以被状告无礼的。

魏晋南北朝时期，士大夫以穿裤子为风尚，但这个时候的裤子裤管特别肥大，叫作“大口裤”，跟现在的喇叭裤有点像，这时候合裆之裈也可称为“裤”。除了这种长裤之外，也有裤裆缝合的短裤。这种三角短裤，在汉代叫“犊鼻裈”。到了宋朝，“膝裤”就开始流行了，膝裤类似“变种”的胫衣，而且男女通用。裤管较之前做得较为紧窄，裤脚部分也有收束。开裆裤也被保留了，只不过一般罩于满裆的“裈”之外。

菱格朵花纹绮开裆单裤，浙江台州黄岩赵伯澐墓出土，黄岩博物馆藏

古时候裤子多在裙子或者袍子里面，家境贫寒的普通人用粗布缝制，叫作“布绔”；富贵人家用细腻丝织品制成，叫作“纨绔”。后来人们就逐渐把衣着华丽但不学无术的贵族子弟叫作“纨绔子弟”。不知道是否出于这个原因，与裤子相关的多为贬义词，像纨绔膏粱、虱处裈中、花下晒裈等。《七律·劝学》中也有“自古雄才多磨难，从来纨绔少伟男”，算得上是古时候的刻板印象了。

赵伯澐墓中出土的 19 条裤子可以分为两种。一种为合裆裤，多为前后两幅缝合而成，上接裤腰，另加三角裆，在右侧开腰有两条系带；另一种为开裆裤，裤筒为前后两副缝合，也是上接裤腰，只是在裤筒内侧上有一个三角形小裆分开而不缝合，在背后开腰，两侧系带。其中 5 条开裆裤分别为菱格朵花纹绮开裆单裤、缠枝葡萄纹绫开裆夹裤、芝麻绮开裆夹裤、书卷团龙纹绫开裆裤和绢面开裆锦裤。

赵伯澐最贴身穿着的是绢面合裆锦裤，裤长 67 厘米，腰宽 51 厘米，腰头 14 厘米，裆深 49 厘米，腿宽 26 厘米，腰带长 80 厘米，形状比较接近“犊鼻裈”。似乎是为了凉爽，裤子的外侧并没有缝缀，留有开口。另外一条绢面合裆单裤，裤长 65 厘米，腰宽 48 厘米，腰头 12 厘米，裆深 43 厘米，裤口宽 59 厘米，腰带长 45 厘米，从宽大的裤腿看，有些像现代的沙滩裤。而缠枝葡萄纹绫开裆夹裤，可能和对襟缠枝葡萄纹绫袄配套穿着。

还有一条造型十分有特色的绢面合裆锦裤，裤长 77 厘米，腰宽 51 厘米，整条裤子由前片、后片、裤腰、系带四部分组成。前后片裤身的中线左右两侧各有两个向外侧开口的活褶，与裤腰缝合固定。裤腿两侧开口没有缝合，裤脚呈三角形。穿上身之后能够把臀部及裆部完全包裹，只把大腿露出来。

绢面合裆裤，浙江台州黄岩赵伯澐墓出土，黄岩博物馆藏

缠枝葡萄纹绫开裆夹裤，浙江台州黄岩赵伯澐墓出土，黄岩博物馆藏

绢面合裆裤，浙江台州黄岩赵伯澐墓出土，黄岩博物馆藏

赵伯澐墓内的裤子有一个共同的特点就是颜色单一，除了两件黄色的绫衫，剩余多为褐色。褐色在唐朝之前，多为平民使用，官员士大夫很少用。相比盛唐在色彩上的开放——红色、紫色、墨绿等各种鲜艳色彩激情碰撞，宋朝是内敛的，崇尚淡雅、质朴、素静，沉稳、低调的褐色大为流行。

在宋朝，褐色流行到什么程度呢？上至皇帝下至平民，都喜欢穿着褐色的服饰。宋仁宗天圣三年（1025）时曾经下诏："在京士庶不得衣黑褐地白花衣服并蓝、黄、紫地撮晕花样，妇女不得将白色、褐色毛段并淡褐色匹帛制造衣服，令开封府限十月断绝；妇人出入乘骑，在路披毛褐以御风尘者，不在禁限。"宋代过度消费之风僭越了封建等级制度，所以皇帝下诏禁止穿褐色绞染的衣服或者毛皮，以示尊卑区别。

赵伯澐墓中出土的这几条开裆裤，让今人唯恐"走光"，但实际不然，由于裤子腰身宽大，裤腰会在闭合处形成一个很大的交叠区域，布料能够很好地遮挡私处，加上外衣的遮掩，安全性很高。居家闲适时，自然是怎么舒服怎么来，不走光、不失礼就是最起码的君子“底线”了。

尽显文人雅致的服饰纹样——交领莲花纹亮地纱袍

宋朝服饰分类比较细，袍从形制上就能分为大袍、窄袍、衫袍、靴袍、履袍、单袍六种；按照色彩可分为绿袍、赭袍、绯袍、赤霜袍、柘袍、皂袍、茜袍、紫袍、白袍、鹊袍等；按照袍服材质的不同，可以分为锦袍、宫锦袍、布袍、纱袍、罗袍、绨袍、纯袍等。

袍服在先秦时期就已经出现，当时男子的服饰以袍为贵。秦始皇时，颜色就已经作为区分服饰等级的标志，三品以上官员穿绿袍，庶人只能穿白袍。我国第一部语源学词典《释名 · 释衣服》中解释道："袍，苞也。苞，内衣也。"最初的袍服是一种纳有絮棉的内衣，不能直接穿出来见人，外面必须再加一件外衣。西汉晚期时，男女都能穿袍服，女性穿得更多一些。袍服除了做内衣之外，也逐渐开始作为外衣使用，在衣领、袖口、下摆的地方缀上衣边作为装饰。东汉之后，袍服开始作为外衣被人们所接受，除了作为便服，也作为特定场合的礼服。《释名·释衣服》中解释说："妇人以绛作衣裳，上下连，四起施缘，亦曰袍。"女子袍上不仅有各种各样的花纹，在婚嫁的时候还会穿上施以重彩的袍服。

唐朝时穿锦袍的多为富人，普通百姓穿粗布袍。粗布袍类似宋朝的纯袍，陆游在《村居》里提到纯袍，"纱帽新裁稳，纯袍旧制宽"。纯袍就是用粗质的丝织物做成的袍子。宋代的袍服与唐朝时期相差不大，多是圆领、右衽，还有大袖广身和窄袖紧身两大类。大部分百姓都穿交领或圆领的长袍，做事不方便的时候就把衣摆塞在腰带上。

赵伯澐墓出土的这件交领莲花纹亮地纱袍，虽然算不上高级别的袍服，但是非常精美。它为直领大襟，衣长 135 厘米，通袖 271 厘米，袖宽 47 厘米，整体质地为纱，轻柔透亮；

交领莲花纹亮地纱袍，浙江台州黄岩赵伯澐墓出土，黄岩博物馆藏

袖口、领口衬以宽边的淡黄色素绫，右衽的斜襟处有一对纽襻、纽子，用来固定衣襟。

交领莲花纹亮地纱袍上的莲花纹，造型相对写实，轮廓鲜明，花瓣和莲叶都以均匀线条作亮地留空勾画，莲花与莲叶呈“品”字形组合连续排列，在莲的花叶间隙中还有四片心形的叶子，心形尖端朝外，内里还有八瓣小花组成新的图案。这种结构严谨、花叶饱满的花形装饰常见于南宋时期的纹样。

宋朝的花式纹样受到了花鸟画的影响，讲究写实、简约。纹样写实让植物的种属更加明确。莲花纹属于宋朝比较盛行的纹样，人们常用印花、手绘等技法把莲花、荷叶、莲蓬等表

交领莲花纹亮地纱袍莲花纹复原图

现在各种载体上。不管是服饰、瓷器还是漆器，随处都能找到莲花纹的影子，尤其是写实性折枝莲花纹。如这件北宋定窑划花团螭莲花纹碗。

（北宋）定窑划花团螭莲花纹碗，台北故宫博物院藏

折枝花就是取花的一部分，如花朵、花叶、枝干等，把每一个折枝作为部分最后构成整体。写实性的折枝莲花纹可以作为单独纹样，也能和动物、人物组合形成新的纹样。宋朝常用纹样就有“莲生贵子”纹，谐音“连生贵子”，寓意子嗣延绵。莲花纹地位之高，还因为宋朝的文人为莲花加了太多层“滤镜”。北宋周敦颐的一篇《爱莲说》，将莲花地位提升到可以和陶渊明的菊花相媲美的高度，“出淤泥而不染，濯清涟而不妖”，莲花气质典雅，被称为“花中君子”。于是，在古人的笔下，莲花代表着清净圣洁，与“花中富贵者”牡丹、

“花中隐逸者”菊花并列，成为宋朝士大夫最喜欢的花卉之一，莲花纹的地位水涨船高。

除了这件意味超脱、自在的交领莲花纹亮地纱袍，赵伯澐脚上还穿了一双带有“卍”字纹饰的鞋，“卍”也是宋代流行的纹饰，脱胎于佛教符号，表示吉祥、万福、万寿。南宋赵伯澐墓出土的服饰给后人留下了历经百年不朽的文化遗产，让我们得以窥见那个繁华而飘摇的时代。

防社交的官帽——幞头

宋朝的官服除了特殊的方心曲领之外，要数幞头最具特色。幞头是从汉魏流行的方形巾帕中演变出的一种首服，即裹头之物。《书仪》中规定，男子年十二至二十岁，只要父母没有期以上之丧，就可以行冠礼，士以上的尊者可以戴冠，普通百姓只能裹巾、帽、幞头。宋朝时期的幞头材质大多是用软巾做里子，外用纱罗制成，幞头骨架多用竹子，不易保存，所以留存下来的宋代幞头实物很少。赵伯澐墓里的幞头几乎腐朽殆尽，只剩下帽翅中起造型作用的铁丝了。

幞头的类型有很多，从材质上分为软幞头和硬幞头两种，为了更遵循礼制，人们可以根据不同场合进行选择佩戴。幞头背后加了不同形状的“两脚”，用来适应人的不同身份。根据脚的形状，幞头分为曲脚幞头、牛耳幞头、宫花幞头、交脚幞头、玉梅雪柳闹鹅幞头等。

宋朝幞头根据脚的不同，分为直脚、局脚、交脚、朝天、顺风五种。直脚又叫“平脚”或“展脚”，就是两脚平直向外伸展的幞头。直脚适用于各种身份、阶层的人群。官员上朝时，多佩戴直角幞头。这种幞头呈方形，上面有一折，在幞头背后的左右两侧各伸出一只脚。江苏泰州宋代贡士蒋师益墓中出土的就是展脚幞头，因蒋师益只是一介贡生，并没有真正的官身，所以戴展脚幞头。局脚也称“卷脚”，两脚的尾部是弯曲的。交脚是两脚翘起在帽后相交叉。朝天是两脚自帽后两旁直接翘起而不相交，有点类似直冲冲的朝天辫。顺风幞头就是将两脚一起折向一边，看上去就是一边有两脚，另一边没有脚；也有人认为这种幞头为一边下垂，一边上抬，常见于百姓。此外，还有一种没有脚的幞头，常见于太监或者杂役。

展脚幞头，北宋蒋师益墓出土，泰州博物馆藏

宋朝蒋师益墓中出土展脚幞头，保存非常完整。整个幞头高 21 厘米，通长 120 厘米，表面是罗纱，外面涂漆，虽然是黑漆髹成，但罗纱交接以及内里都不见漆痕，髹的手法干净利落。展脚是用较粗的铜丝做成骨架，上面还有细铜丝缠成网状。

蒋师益的这件幞头是用铜丝做骨架。幞头骨架的样式几经演变。宋朝最初幞头是用藤巾或草巾为里，外面覆纱，再涂漆；到了宋仁宗时期，藤巾、草巾都不用了，不设骨架，整体都做成漆纱材质。人们常说的乌纱帽，其实就是因为幞头所用的纱罗为青黑色，这种纱也叫作“乌纱”，所以才有了“乌纱帽”这个称呼。

幞头虽然兴盛于宋朝，但早在晚唐和五代就已经开始流行夸张的幞头造型了，展脚幞头的长度竟超过肩膀。宋朝时，无论是皇帝还是百官，除了参加祭祀典礼的时候必须顶戴符合身份的冠冕外，其余时间基本都戴幞头。

幞头还有一个很有意思的名字叫作“交头接耳”。后之二脚，宋代加长。也许是沿袭了宋太祖时期对百官结党的避忌，看见百官交头接耳，就会产生“总有刁臣想合伙谋害朕”的猜疑，以防止官员上朝立班时交头接耳。还有不少人认为，赵匡胤乃武将出身，看见从前的老部下们上朝时无视天子威严和朝堂法纪，扎堆儿聊天，看着心烦，就想到了这样一个办法，防止下面的人交头接耳。宋太祖特下诏书修改幞头的样式，在两边各加一个翅，有一尺多长，这样虽然上朝的时候皇帝坐得远，但官员戴上了这么明显的帽子，一举一动，都能清清楚楚地落入皇帝眼中；想要窃窃私语，隔着一米多远也不现实，完全避免了官员公然交头接耳的可能。

但戴这样的幞头，不适宜日常行动，进门也很容易磕碰。因此，休闲时改换两脚下垂的软脚幞头。这种幞头在帽子的后面形成“八”字形，既能很好地起到束发的作用，又便于行动，宋仁宗就特别青睐这样的幞头。

到了南宋，幞头的流行程度有增无减。太上两宫寿礼赐宴和新进士喜宴时，皇帝会在幞头上赐插黄、红、银红三色或二色的插戴，来彰显皇家的恩宠。在男女婚事上，女方有在婚前三月向男方赠送紫花幞头的习俗。可以说从皇家到民间，人们对幞头的认可度都非常高。

官家沉甸甸的宠爱——宋朝第一带

说到能够表明宋朝官员身份的饰品，腰带绝对是一个“重量级”选手。腰带，顾名思义，是用来束腰的带子或者裤带，它不仅仅有防止裤子下滑的实用功能，更多时候是作为装饰存在。早期衣服的样式有点像现代新生儿穿的“和尚服”，靠衣襟处缀有用来系结的小带子，可将两片前襟（一大一小）联结起来，当时没有扣子，仅用带子固定衣服。但为了避免衣服散开有碍观瞻，人们就在腰的位置加上一根大一点的带子，这个大带子就叫作腰带。

宋朝的腰带一般分为前后两部分，腰带钻有圆孔，用来穿扣针，两端饰有金银。在腰带上的板状饰物统称为“带板”。作为装饰的部分名字叫“鉈尾”，又名“带尾”“鱼尾”，装在革带末端的护鞘，一头方，尾梢圆弧。为了表示对皇帝的臣服，穿戴时两端的带尾必须朝下。腰带另一部分缀有一列“銙”，是区分官员等级的标志，一般使用最多的是方銙，其次是圆銙。佩戴銙的数量根据官位而定，具体的名称根据它

双带鞓革带，《宋仁宗坐像》轴（局部），台北故宫博物院藏

的质地来确定。据《宋史》记载，銙的材质“有玉、有金、有银、有犀，其下铜、铁、角、石、墨玉之类，各有等差”。

皇帝的腰带叫“排方玉带”，四方、五圆的玉饰嵌在腰带上，总数为九；三品以上的重臣也使用玉带，四品以上的官员佩戴金饰革带，四品以下“升朝官虽未升朝已赐紫绯，内职诸军将校”用金涂银排方红革带；绿袍（七品以上）官员不得用银饰革带；其余的小官则用犀角饰或黑银饰的革带。

穿戴腰带的时候，銙的那面要在腰后，因为当时正式的朝服、官服袖子都非常宽大，为了不让衣袖拖在地上，双手一般只能交叉在胸前。所以，把銙放在腰后不会被前面的大袖挡住，别人就可以从背后识别身份。

太平兴国三年（978），宋太宗专门设立了负责织造带服的文思院，还命当时的翰林学士制定了宋朝官员的腰带制度。在宋真宗、宋仁宗的时候，还对腰带制度加以补充，腰带制度越发严格、详细，对带板的质地、数量、重量，上面的纹饰和挂着的鱼袋数量，都做了明确的要求。

按照南宋的规定，宰臣、枢密使、参知政事等重臣“赐金笏头二十五两带，副以鱼袋。武臣御花仙带，无鱼袋”；资政殿大学士、御史中丞、翰林学士等朝官，“并赐金御仙花二十两带”；“文臣换武臣并赐涂金银宝瓶十五两带……供奉官至殿直荔枝十两，奉职、借职双鹿八两……堂后官新除赐涂金银宝瓶十五两带”。北宋官员的金带样式和纹饰种类也很多，单尾金带五种，单尾涂金银带十种，双尾金束带八种，双尾涂金银四种，合计二十七种。纹饰有球路、洼面、海捷、戏童、宝藏、天王、八仙、犀牛、宝瓶、双鹿、行虎、御仙花、狮蛮、胡荽、凤子、宝相花和野马，共计十七种。《宋史·舆服志》记载：“其制以金银饰为鱼形，公服则系于带而垂于后，以明贵贱。”佩鱼其实也是延续了唐朝礼制，只是简化成了身份的象征。当时三品以上穿紫服的官员都带金佩鱼，五品以上穿绯服的官员都带银佩鱼。

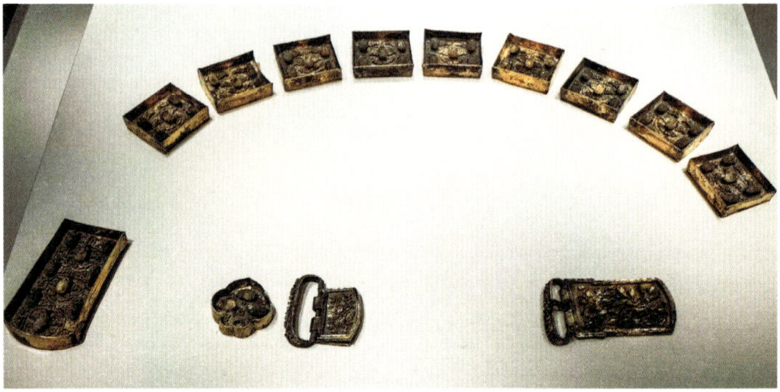

北宋郭知章御仙花鎏金银带板，江西省博物馆藏

北宋郭知章御仙花鎏金银带板（局部），江西省博物馆藏

北宋郭知章御仙花鎏金银带板小扣板，江西省博物馆藏

北宋郭知章的鎏金银带板属于宋朝金带中最常见的御仙花纹带板。金带一般分为二十五两、二十两、十五两、十两四个级别，最重的二十五两是个什么概念呢？换算完差不多有 1062.5 克，相当于现在的两斤有余。

郭知章的这条二十五两带，属御仙花金带中的最高级别。但他生前“官居三品”，按照他在位的官阶，应该只能佩戴二十两带，现在这件的级别为二十五两，专家推测这件应为死后赐带。在郭知章病逝之后，宋徽宗派吉州知州程祁前往龙泉宣谕祭悼，赐谥“文毅”，还谕祭文称赞郭知章“秉赋德性，浑厚淳全。躬自表树，良吏式宣。台谏著绩，风纪凛然。特立无惧，持之弥坚”。赏赐为宋朝江山贡献了 40 多年的老臣一条二十五两带也在情理之中。

从素纱圆领单衫论纽袢的发展史

宋朝的学子在哪上学呢？宋朝成立之初，七品以上官员的子孙才能去国子学，小官和百姓的孩子只能去私学或者地方州府的官学。宋仁宗在位时期将太学迁出国子学，八品以下官员子弟和优秀的百姓之子才可以就读。南宋初年社会动乱，太学未开，宋高宗在宋金议和之后才着意恢复，将岳飞在杭州西湖的一处住宅改造成了南宋太学。

《宋史·舆服志》中有“品官绿袍、举子白襕”的规定。“襕”是指上衣和下衣相连接，也就是说，举子的白色襕衫裙子和上衣是连在一起的，因此有了“白衣书生”的称呼。这种襕衫多用细白布制成，圆领大袖，下施横襕为裳，进士、国子生、县学生穿这种服饰。江苏金坛南宋周瑀墓出土的素纱圆领单衫就是这样一件南宋学子装。

这件素纱圆领单衫长 131 厘米，袖通长 246 厘米，腰部带长 235 厘米，宽 9 厘米，腰带为纱制。该衫衣使用六幅素纱拼制而成，纱孔稀疏，透气性较好，是一件夏装。单衫圆领右

素纱圆领单衫，江苏金坛南宋周瑀墓出土

衽，大阔袖，身长过膝。其衣襟部分的结构比较有特色，前襟交错相掩，掀开表面一层衣襟，里面还有一层，两道衣襟一左一右，左右两襟对称有四颗纽袢，分别对系于左右肩及腋下。

周瑀祖上没有特别显赫的大官，祖父做过平江府嘉定县的主簿，从九品，父亲周拱“登仕郎习礼记”，因为宋理宗时有规定，“登仕郎不许出官”，所以周拱并没有做官，但仍旧可以穿九品朝服。周瑀的家庭出身决定了他只能是一个补入太学的外舍生，墓内为数不多的陪葬品也说明了这一点。不过周瑀墓出土的服饰和陪葬品仍然为我们了解宋朝儒生的生活揭开了一角面纱。

这件圆领衫上的纽袢有着重要的意义。纽袢也称为纽襻，是指用布做成扣住纽扣的圈。纽袢的具体形制为一头用布或皮做成的小圈，叫“襻”，另一头是布或者皮革制成的小疙瘩，使用的时候把疙瘩套进小圈里，起到固定衣服的作用。纽袢的出现被认为是服饰纽件发展史上的一个里程碑。纽袢出现之前，固定服饰多靠带子系结，纽袢出现后，这种系带的功能和地位逐渐被纽袢取代，而服饰也更加伏贴。

以往人们一直认为带着古典意味的纽袢在清朝才开始大面积使用，且多用于马褂或者旗袍。但是宋墓出土的大量带有纽袢的衣物改变了今人认为元朝之前没有纽袢的观点。纽袢在元朝的时候已普遍使用，官员穿的袍服上面也会有两对纽袢。明、清两朝的纽袢增加了很多名贵的材质，有金、银等。频繁出现在影视剧中的清朝黄马褂，上面也有纽袢的身影，并且用颜色进行了区分，例如侍卫在打猎和比武的时候，穿的黄马褂的纽袢为黑色，而奖赏文官和武将的黄马褂的纽袢则为黄色。

纽袢的制作工艺包括了盘、缝、编、包等多种手法。工艺简单的，如周瑀墓中素纱圆领单衫的直盘扣，也叫一字扣，常用在男性的服饰上，比较简洁大方。复杂一些的还有花形扣，将小疙瘩的位置做成各种各样的花样，有琵琶扣、蜜蜂扣、凤凰扣、花篮扣、树叶扣、菊花扣等。纽袢根据衣服穿着场合以及材质不同进行搭配，有着各种各样的吉祥用意。还有纯装饰性的花扣，只作为整体服饰装饰的一部分，没有相对应的扣带和固定功能。

在现代，纽袢被叫作“盘扣”，与旗袍的联系最为紧密。自古以来纽袢就被赋予了美好的寓意：一种是祈福，以寿字扣、双喜扣、各种花卉扣为代表；另一种是情感祝福类，常见的是蝴蝶扣、扇形扣、盘连枝扣等。有些还会根据月份配上四时花样，或者根据穿着人的身份与场合来做搭配……小小的盘扣，装饰渐渐大于实际作用，也展示着人们的巧思妙想。

和花比娇的宋朝男人

如果能穿越回宋朝，有一处“景观”绝对不容错过，那就是无论身处街头巷尾还是朝堂内外，都在头上簪花的男人们。簪花作为装饰，在我国已经有两三千年的历史，于汉唐时期开始流行，在宋朝达到巅峰。簪花，通常是女子将一枝鲜花插在发髻上作装饰。在唐朝流传下来的很多画作中可见妇女簪花戴彩的场景，如唐代画家周昉的《簪花仕女图》。

（唐）传周昉《簪花仕女图》，辽宁省博物馆藏

在宋朝，簪花不仅是女子的特权，男子也簪花，比如皇帝会簪戴 3 至 6 厘米的大牡丹花作装饰。在花朵培育困难的宋朝，花形硕大的真花价格高昂，象征着高贵的身份。如果穿越回宋朝繁华的街市，你将目睹这一道亮丽的风景线：上到耄耋老人，下到刚及冠的少男和及笄的少女，都可能头戴各色花朵，怡然自若，走动不拘。

宋朝男子簪花，一般都搭配幞头、方巾、冠帽等，作为首服的一部分。流传下来的宋朝绘画中，簪花男子以平民百姓居多。这幅北宋苏汉臣的《货郎图》，描绘的是一位售卖货物的男子，在他的右边鬓角处装饰了一朵粉色的花。

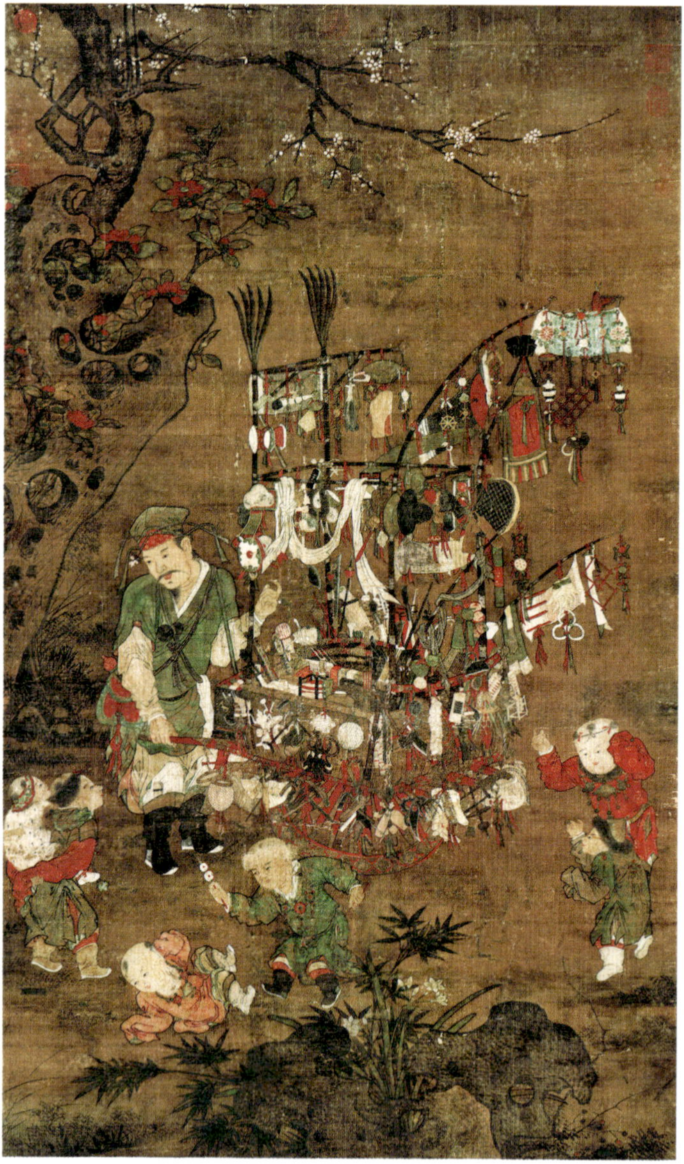

（北宋）苏汉臣《货郎图》，台北故宫博物院藏

簪花加巾子是下层男子的常用搭配，而官员簪花是有明文规定的，通常搭配幞头。在宋朝初期，簪花只是皇帝的特权。《铁围山丛谈》卷六中记载，宋神宗去皇宫附近的金明池赏牡丹，本来头上戴着的是绢帛做的假花，看见一朵开得正艳的姚黄，就“却宫花不御，乃独簪姚黄以归”。姚黄是牡丹中的名贵品种，其颜色为黄，宋朝以黄为正，又因其端庄高贵的花形，在当时只有皇帝才能簪戴。

在宋朝，簪花被看作一种身份的象征，如果能得到皇帝的赐花是一件非常荣耀的事情。宋代新进士赴闻喜宴时，都会由官家赐鲜花簪戴。宋真宗也经常赐花给大臣，不过只有殿上的官员才有。当时诗人杨万里还特意写了首诗：“春色何须羯鼓催，君王元日领春回。芍药牡丹蔷薇朵，都向千官帽上开。”到了宋仁宗时，皇帝的赐花之举便踢到了“铁板”。我们熟知的“砸缸小天才”司马光在中了进士之后，得到了宋仁宗赵祯的赐花，也不知是花朵让司马光不满意还是觉得戴花过于奢华，司马光不愿意簪花，但“君赐不可违”，只能勉强收下。为了维护皇家尊严，便有御史上奏，要求官员必须簪戴皇帝所赐的鲜花回家。

庆历七年（1047），有了“凡预大宴并御筵，其所赐花，并须戴归私第，不得更令仆从持戴”的规定。簪花从一种礼仪，逐渐发展成一种制度，后来皇帝将赐花作为一种与臣同乐、恩赐荣耀的行为推行，官员们对戴花也就不再排斥了。《宋史》载：“大罗花以红、黄、银红三色，栾枝以杂色罗，大绢花以红、银红二色。罗花以赐百官；栾枝，卿监以上有之；绢花以赐将校以下。”

官员们接受了簪花，达官贵人们在宴会时也纷纷开始效仿。北宋政治家沈括在《梦溪笔谈》里就记载了著名的“四相簪花宴”的故事。宋仁宗时期，韩琦奉命镇守淮南，自家后花园中有一株芍药忽然花开四枝，花朵上下部位都是红色，中间是黄色花蕊。这是种被后世称为“金缠腰”的芍药品种，当时扬州还没有过这样的花。韩琦认为不能独赏，就请了陈升之、王珪、王安石同来观赏。文人凑到一起自然免不了聊天喝酒，喝到兴起处，就把四朵花剪了下来，四人各簪一枝。没想到这四个人后来都升登宰相之位，芍药一举获封“花相”。大众对簪花的热情因此更高了，毕竟谁不想家里出个宰相呢？

宋朝，最喜爱簪花的皇帝莫过于宋徽宗，他不仅自己是个狂热的簪花爱好者，还制定了详细的簪花准则，每逢重大的节庆，他都爱赏赐花。天子寿辰或接待使臣要用绢帛花，以显国家节俭传统；春秋大宴会，用罗帛花；“对御”小宴会，用滴粉缕金花……徽宗出游回宫，都是一副戴小帽、簪花、乘马的打扮。天子都这样“亲力亲为”，百姓自然紧跟其后。

男人簪花也像百官的朝服一样分不同的等级，什么官位戴什么花、戴几朵花，都有明文规定。宋代吴自牧的《梦粱录》有着明确记载：“具遇圣节、朝会宴，赐群臣通草花。遇恭谢亲飨，赐罗帛花。其臣僚花朵，各依官序赐之。宰臣枢密使合赐大花十八朵，栾枝花十朵……自训武郎以下、武翼郎以下，并带职人并依官序赐花簪戴。快行官帽花朵细巧，并随柳条。”

宋朝统治者为了稳固社会，开始大范围地制定规章制度，簪花逐渐上升为一种特定的礼仪。一方面，官家赏赐的对象从高级官员扩大至底层官员；另一方面，民间把簪花当作自娱自乐，也为了寻求一种寄托。可以这样理解，无法实现政治抱负的男子，将簪花视作安慰，而且花朵美丽芬芳，蕴含祝福意味，何乐而不为呢？

嫩麴罗裙胜碧草 宋朝女子服饰

宋朝女人的奢侈品代表——头冠

宋朝男人簪花的景象盛极一时，女子也不甘示弱，头上的冠饰种类多到让人应接不暇。其种类从花冠、珠冠、山口冠、垂肩冠到角冠、团冠……琳琅满目，材质更是丰富多样，有鲜花、象牙、牛角、玳瑁等等。从南宋刘宗古的《瑶台步月图》中可以一窥当时的情景。

画中站着三名女子，高绾发髻，穿着小袖对襟旋袄，外搭褙子，手捧着杯盘；两名女仆立于左右，手持扇子和壶。画中三位女子冠饰戴于脑后，与前额呈一定角度，冠饰的宽度与头部相差不多，高度也没有超出太多。冠饰顶部呈闭合状，发髻塞进冠内，用簪子固定，这种套簪冠饰现在被归类为团冠的一种。

团冠是宋朝女子非常喜欢的一类头冠，最初的团冠比较

（南宋）刘宗古《瑶台步月图》，故宫博物院藏

简陋，是用竹篾编成圆团形，因其形而获名。《麈史·礼仪》记载："俄又编竹而为团者，涂之以绿，浸变而以角为之，谓之团冠。"团冠的材质多样，用竹篾编织后，冠面蒙有纱罗，外面还会涂上漆，还可以装饰上珠翠，是可以扣在髻上的高冠。《燕翼贻谋录》中写道："旧制妇人冠以漆纱为之，而加以饰金银珠翠，采色装花，初无定制。"团冠用的时候可以直接套在头上夹住发髻，再用簪钗固定。

在唐朝时人们对犀牛角的需求量很大，我国境内产的犀角供不应求，还需从外国进口。使用犀角的风气一直延续到宋朝，犀角做成的工艺品一直以来都非常珍贵。

到了宋仁宗时期，在贵妇间还兴起了一种尺寸较大的冠饰，被称为"白角冠"。白角指的就是一种犀牛的角。白角冠是团冠的升级版，是在团冠上插上白角长梳，宫中御宴时后妃都会佩戴。李廌《师友谈记》载皇后、皇太后"皆白角团冠，前后惟白玉龙簪而已。衣黄背子，衣无

刘太后的仪天冠，《宋真宗后坐像》轴（局部），台北故宫博物院藏

华彩。太妃暨中宫皆缕金云月冠，前后亦白玉龙簪，而饰以北珠，珠甚大，衣红背子，皆用珠为饰”。这是当时对白角冠的描述，那个时候贵妇以尺寸巨大为美，白角冠上的梳子甚至能大到齐肩的程度。冠饰更是做得无比奢华，最名贵的当数北珠制成的珠冠，价值连城，多为皇后、妃嫔佩戴。

宋朝后宫冠饰的流行与宋仁宗脱不开关系。宋仁宗登基时年纪较小，由刘太后垂帘听政。刘太后的冠饰比其他太后更为华贵，最初只是“花树、博鬓”，直到仪天冠出现，更显夺目耀眼、尊贵非凡。

仪天冠是刘太后祭祀宗庙时所佩戴，九龙，十二株花，前后垂珠帘各十二旒。但仪天冠属于逾制的产物，刘太后之后就逐渐消失了，不过也因为仪天冠的出现，宋朝女性的冠饰开始有了形制与名称。有龙、凤元素的皇后礼冠叫作“龙凤花钗冠”，去掉龙凤之后就是太子妃、公主的凤冠，叫“九翠四凤冠”，朝廷命妇礼服的冠饰就再简单一点，叫作“花钗冠”。

花冠在宋朝男人头上只是品种的差异，到了女子头上，就是真的被装饰出“花”来了。花冠按照外形分有一年景冠、重楼子冠、玉兰冠、杏花冠等多种，宫中侍女头戴四时鲜花、绢花做成的一年景花冠。当时的假花多用罗绢、通草或彩纸

侍女头戴一年景花冠，《宋仁宗后坐像》轴（局部），台北故宫博物院藏

做成，民间有专门的铺子售卖，最受欢迎的还是官巷花作，“所聚奇异飞鸾走凤，七宝珠翠首饰、花朵冠梳及锦绣罗帛，销金衣裙，描画领抹，极其工巧，前所罕有者悉皆有之”。还有仿照“重楼子”这种牡丹的重楼子花冠，这种花冠多是用竹篾这样的轻巧材质编成架子，外面蒙上罗纱，层层叠叠的帛花装饰上去，视觉上能让人增高 10 厘米。宋朝人喜爱的玉兰、杏花也会成为冠子的造型，花冠上还会有各种各样的纹饰，植物纹里常见的有折枝花、缠枝花、团花、宝相花，动物纹有孔雀、凤凰等，可以根据个人喜好进行组合。冠子也在婚礼上使用，《梦粱录》卷二十《嫁娶》中关于聘礼的记载，其中就有“珠翠特髻、珠翠团冠、四时冠花、珠翠排环”等物品。

当时女子用冠子比美的风气盛行，冠子尺寸越来越大，已经影响到了正常的出行，“至有长三尺者，登车檐皆侧首而入”的描述形象生动。宋仁宗下旨规定：“妇人所服冠，高无得过四寸，广无得逾一尺，梳长无得逾四寸，仍无得以角为之。”既然皇帝定了规矩，大家必然会遵守，对奢侈品冠子的狂热追捧潮流暂时退去了。等到宋仁宗去世，该旨意的约束力一点点下降，几十年之后，女子们对冠饰的热情卷土重来，压抑住的热情突然反弹，人们纷纷拿出尘封的冠饰来翻新，当时的集市里还有专门“补角”的工人。《武林旧事》介绍那时的临安城，“钗朵、牙梳、穿珠、洗翠、修冠子、小梳儿、染梳儿、接补梳儿……”，分工相当细致。专门生产、销售各种冠饰的店铺也逐渐多了起来，供大家随意挑选。

象牙、玳瑁装饰冠子已经不能满足大家想要在人群中独树一帜的需求了，人们纷纷寻求新目标，用鱼枕骨做成的鱼枕冠就这样应运而生。鱼枕骨与玳瑁、珍珠相比，价格要便宜很多，做出来的冠子性价比也更高，受到人们的追捧。那时候女人对鱼枕冠的喜爱就有点像现在女子做美甲，女人觉得精致美丽，许多男人却满脸不解。苏东坡也曾发出过不解风情的感慨：“莹净鱼枕冠，细观初何物。”

彩云易散琉璃脆——琉璃簪

“头面”并不是单指一种首饰，而是女子头上所有首饰的总称。在宋朝，女子头面一般包括簪、钗、梳、篦、钿、耳环。《东京梦华录》中就有“占定两廊，皆诸寺师姑卖绣作、领抹、花朵、珠翠头面”以及“又有宫嫔数十，皆真珠钗插、吊朵、玲珑簇罗头面”的记载。头面中最引人注意的就是形制和材质各异的簪、钗了。

簪的本名叫“笄”，一开始，笄簪大多是用竹木制成的，等到工匠技术成熟之后，就开始用骨角、玉石和金属来制作了。簪和钗的区别不大，单股的笄叫作“簪”，双股的笄是“钗”。簪子多用于盘发髻，钗用来插戴在梳好的发髻之上起到装饰作用，但也往往簪、钗并用。

簪钗虽然小，寓意却很深刻。古时候女子及笄、男子加冠，都是用一枚长簪标志成年，可以婚嫁。簪钗也因此成为男女之间的信物，赠送表示钟情，分钗则意味着期待下次重逢。

宋琉璃花头簪，上海玻璃博物馆藏

宋朝簪钗的形制多种多样，常见的有花头簪、直簪、如意簪、竹节簪、桥梁钗、瓜果纹簪等。花头簪的簪首通常是单独一朵菊、梅、牡丹、莲花或者其他花形，下面与尖锥式的簪脚垂直连接，变化较多，传播范围最广。直簪和如意簪属于两种样式简单的基础簪形，更加简洁大方。在宋朝，竹节形状的簪子很受欢迎，一方面是增加粗细变化之后摩擦力增加，另一方面也是取竹子“中空却有节”之意。还有一种钗，叫“桥梁钗”，钗梁如扇面，连续排列多个折股，下面钗脚有两只，能很好地固定头发。瓜果纹簪的簪首经常有荔枝、瓜头等样式：荔枝纹的簪子取其两情相悦之意；瓜则是寓意“瓜瓞绵延”，有子嗣兴旺之意。在康瑞的《西湖竹枝词》中有这样的描述：“合欢钗头双荔支，同心结得能几时。”

宋朝女子的簪钗种类非常丰富，其中很多名贵的簪钗仅为命妇所有。因为宋朝的服饰等级制度在首饰上也有体现，北宋只有命妇才能够以金、真（珍）珠、翡翠（翠羽）为首饰，一般的民间女子只能使用银、玉、琉璃、木头等材料的簪钗。很长一段时间内，琉璃在平民首饰里大受欢迎，有诗称：“京师禁珠翠，天下尽琉璃。”在《宋史·五行三》里也有“绍熙元年（1190），里巷妇人以琉璃为首饰”的描述。

琉璃作为首饰的历史非常久远，早在战国时期，贵族就已经开始使用透明的琉璃簪状物。唐朝，琉璃首饰也曾风靡一时，尽管琉璃谐音“流离”，且有“琉璃易碎”的特性，被认为有不祥的寓意，但并没有影响琉璃的受欢迎程度。《新唐书·五行志》中记载：“又世俗以琉璃为钗钏，近服妖也。抛家、流离，皆播迁之兆云。”直到宋朝，琉璃簪的样式才越来越多，制簪的技艺也越发成熟，其样式有钉形直簪、梅花头簪、折股钗等，呈现出来的状貌以玉质半透明居多。

宋代的簪钗相较于唐朝更加简洁朴实，琉璃簪最突出的特点就是色彩清新明丽，琉璃的簪钗有白色、翠蓝、淡蓝、翠绿等色。珍藏于上海玻璃博物馆的蓝色花瓶式琉璃簪就是蓝色琉璃簪的代表，发簪口部呈花瓣造型，胎壁非常薄，蓝色清透纯净，是不可多得的精品。

翠蓝色之所以被追捧还有翠鸟的功劳。在首饰上点缀翠鸟羽毛的装饰方法叫作“点翠”，虽然美丽却是一种很残忍的工艺。点翠需要非常多的翠鸟鸟羽，因此对翠鸟的捕杀愈演愈烈。从唐朝开始，点翠首饰就受到了皇室和民间的追捧，国内翠羽供不应求之后，就从东南亚等地进口，价格居高不下。到了宋朝，皇室开始抵制这种奢华风气，禁止使用点翠首饰，还专门下令集中烧毁了很多翠羽以示决心。翠羽虽然不能用了，但是这种翠蓝色却成为流行色，首饰配色自然也往这个方向靠拢了。

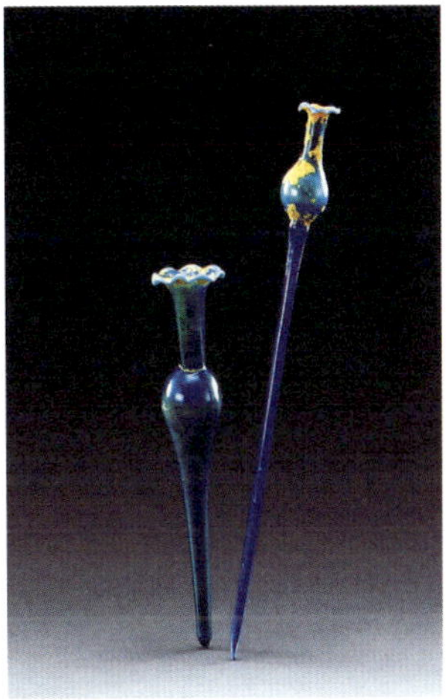
宋琉璃花筒簪，上海玻璃博物馆藏

琉璃在古代被称为“药玉”，是承袭古法模制作成的，当时有官方的琉璃制品厂，也有民间的小作坊。琉璃制品除了制成簪子戴在头上，还被宋人应用到生活的方方面面。苏东坡有诗云：“镕铅煮白石，作玉真自欺。琢削为酒杯，规摹定州瓷。”诗句描述了琉璃酒盏的做法，先用铅和石灰混合熬成玻璃浆，在冷却之后加工削琢成琉璃酒杯。成品的琉璃杯色泽似玉，剔透可爱，不逊色于唐朝王翰所吟的“葡萄美酒夜光杯”。

在宋朝，琉璃除了自制还依赖进口。在南宋赵汝适《诸蕃志》中就有记载：“琉璃，出大食诸国。烧炼之法与中国同。其法用铅、硝、石膏烧成。大食则添入南硼砂，故滋润不裂，最耐寒暑，宿水不坏，以此贵重于中国。”当时宋朝本土的琉璃制品多为半透明，外来的透明度更高。

宋朝“白富美”的深烟色牡丹花罗背心

宋朝人在“程朱理学”的影响和约束下，穿衣很规矩，恪守礼法，特别是女子着装尤其保守。这种刻板印象直到福州新店黄昇墓被发掘才被打破。

黄昇墓共出土器物 436 件，成件的服饰及丝织品 354 件。其中服饰有 201 件，整匹的高级织物及面料 153 件。出土的服饰面料囊括了古代各种高级织物：绫、罗、绸、缎、纱、绢、

深烟色牡丹花罗背心，福州新店黄昇墓出土，福建博物院藏

绮。衣物款式多样，除了常见的袍、衣、裤、裙、抹胸、背心、围兜、围件等外，还有荷包、香囊、卫生带和裹脚带这样的小物件。墓内共出土背心 8 件，其中一件几乎是史上最轻的背心。

这件深烟色牡丹花罗背心长 70 厘米，腰宽 44 厘米，下摆后宽 44.5 厘米。无袖，合领对襟开衩，襟上没有纽带或系带。在背心的表、襟边、领的部位都饰有提花牡丹纹，提花面料是在织布时织上去的，布匹织成之后就不能再选择花纹图案。

最令人称奇的是这件背心只有 16.7 克。整件背心轻盈若羽，剔透似烟。轻薄到什么程度呢？据说一个长 5 厘米、宽 3 厘米、高 2 厘米的普通火柴盒，可以放下两件这样的背心。无独有偶，在南京花山宋墓也出土了一件材质类似的素纱直襟窄袖衫，这件衣服的重量为 31.1 克，也非常轻薄。

宋代提花常用花纹有牡丹、芙蓉、山茶等十余种，最常用的为牡丹和芙蓉。宋朝提花工艺的构图设计极具特色，不仅突破了唐朝时期几何形、动植物纹的局限，还进行了比较大胆的创造，如增加了以龙、凤、花卉、琴、棋、波纹、曲水纹等多种元素组合而成的纹饰，增强了艺术效果和美感。

这种花罗背心也是宋朝很多女性在家时的首选穿着，有人还会把背心当作便服，内衣外穿。

这种提花工艺对缫丝等工艺技术也有着很高的要求。把蚕茧抽出蚕丝的工艺叫作“缫丝”，最初的缫丝方法是把蚕茧浸在热水中，用木棍小心地抽出丝，并把丝卷绕在丝筐上。宋朝缫丝也叫作“缎丝”，分生、熟两种：一种是将新鲜的蚕茧立刻缫丝，叫作“生缎”；另一种熟缎就是把蚕茧经过日晒或者盐泡后再进行缎制。

缫丝工艺对水质、水温有一定要求。最初是用沸水煮茧，后来为了提高效率和蚕丝质量，改成用文火煮。具体来讲，就是采用随时加冷水的方式，保持煮茧的沸水微滚，使细泡“形如蟹眼”，水温约为80℃，还要注意当水中胶质过多时应换水。80℃的水温，在现代可用温度计测量控制，但是在科技不发达的古代，煮丝、抽丝的过程都需要有经验的工人才能完成。

人们一般会根据抽出丝的根数来区分丝的好坏：细长完整的合成细缕，蚕丝根数比较少；差一点的继丝合成粗缕，根数较多；最差的是由断丝合成纺丝，根数最多。宋朝时期多采用三根蚕丝合成的丝缎。缫出的蚕丝随即用火烘干，以便保持丝色鲜活以便进行后续处理。

（北宋）王居正《纺车图》，故宫博物院藏

除了水温之外，纺织工具也很重要。蚕丝变成衣服很重要的一步就是通过纺车来完成。从发展历程来看，纺织工具可以分为手摇纺车、脚踏纺车、大纺车等数种。

宋朝王居正所绘《纺车图》中的车就是手摇纺车，它可以正、背两面一起使用。纺车的左下部设有安装纱锭的设备，车轮为顺时针旋转，需要两个人一起操作。

农妇们需要辛辛苦苦操劳很久，才能制成官家小姐身上一件清凉的夏衣。随着经济发展、丝织品需求量的增加，北宋后期出现了大纺车。其由加捻卷绕、传动和原动机构三部分组成。至迟到南宋，更是出现了以水为动力驱动的水转大纺车，除了加工蚕丝还可以加工麻纱。这种水转大纺车的出现使工作效率大大提升。以纺麻为例，普通纺车每天最多可以纺三斤，而大纺车一天可纺一百多斤。

贵妇的礼服——大袖袍

宋朝女子能穿什么样的衣服，取决于所嫁之人的地位。在很多重要的场合，贵妇们所穿的衣服要和自己丈夫的衣服相匹配。宋朝末年的《武林旧事》中记载了宋朝皇后归谒家庙："次本阁官奏请皇后服团冠、背儿，乘小车入诣家庙。"而《宋史·舆服志》将贵族妇女的盛服定为"假髻、大衣、长裙，女子在室者冠子、背子"，到了理学家朱熹口中，等级划分更加明显，地位稍低的妾室只能"以背子代大袖"。

这几处所说的背子其实就是大袖褙子，属于出席正式场合的礼服。根据留存下来的资料来看，学者认为大袖褙子与广袖袍的形制相似。同样作为礼服，广袖袍是宋朝贵妇在重要场合所穿的服饰，大袖褙子的正式性不如广袖袍。后妃、命妇及士庶女子都可以穿广袖袍，只不过女官和命妇穿着时须要佩戴霞帔。

这件福州南宋黄昇墓出土的褐黄色罗镶彩绘花边广袖袍很好地为我们展示了宋朝贵妇的礼服式样。

褐黄色罗镶彩绘花边广袖袍，福州新店黄昇墓出土，福建博物院藏

此袍身长 120 厘米，长度过膝，通袖长 182 厘米，袖宽 69 厘米，袖口宽 68 厘米，袖形上下基本平行。宽大的袖子，由两幅布拼接而成。袖子的中间有一条接缝，这条接缝上面有泥金花边，与腋下、袖口、下摆的花边相互呼应。印金花边宽 2 厘米，彩绘花边宽 1.8 厘米。

这件广袖袍的大小襟边、下摆、腋下、袖口都以二经绞罗镶边；主体部分属于四经绞罗，这种织法是古代织罗的最高工艺。这种罗以四根经丝为一绞组，与左右邻组都相绞。在大孔眼的横向，每一组都为四根经丝一绞组，并且每四根经丝各自循环，表面形成胡椒眼状的椒孔，有“方孔曰纱，椒孔曰罗”的说法。具体的织法已经失传，现在人们只能根据出土的文物复原，但仍达不到出土文物的密度。因为制作过程过于复杂，一个熟练的织工每天最多只能织 5 厘米。

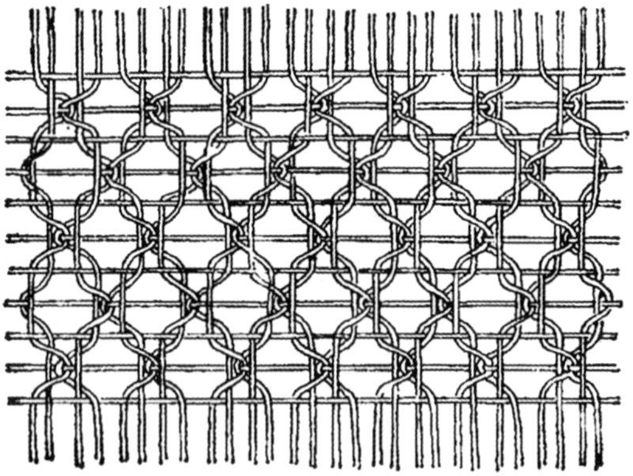

四经绞罗组织结构

春秋战国时期，越国生产的丝织物中就有罗了。唐朝时规定，五品以上官员才能穿罗织成的官服，到了宋朝，镶饰各种花边的罗依然是贵族专属。宋朝是罗织物生产最多的朝代。南宋时，每年各地上贡到朝廷的罗多达 10 万匹。织罗技术在宋代可以说是达到了巅峰状态，罗的种类繁多，宋朝吴自牧的《梦粱录》卷十八中说，“罗：花素、结罗、熟罗”，其中“染丝织者名熟线罗，尤贵”。

黄昇的这件广袖袍衣襟边缘还饰有非常华丽的花边，主要使用了印金和彩绘相结合的着色工艺。

印金，包含泥金印花，是一种织物上用金的技术。具体来讲，泥金印花是在刻好图案的纹板上，蘸上金粉与黏合剂调和成的泥，在丝织品表面或印或绘出图案的轮廓，最后再在图案内部填彩。传统金粉的获取主要有两种途径。一种是磨削法，即用翡翠屑金。欧阳修曾在《归田录》中记载，“予偶以金环于罂腹信手磨之，金屑纷纷而落，如砚中磨墨，始知翡翠之能屑金也”。另一种是助剂研磨法，用金箔加腻粉加牛乳，“文火煎至乳尽，金箔如泥，即于火上焙干，研为末”。宋朝虽然崇尚简朴的穿衣风格，但在服饰细节处还是会精益求精，会选用与身份相当的华贵材质做装饰。

黄昇的广袖袍刚出土时花为金色，叶子为灰蓝色，主花纹是蔷薇，印花花边的花纹单位长 10.3 厘米，宽 1.6 厘米。蔷薇花纹在宋朝是一种常用花纹，代表着富贵，呈现出花团锦簇、欣欣向荣的繁盛景象。该袍花边中的鸾凤、云气纹则是在染好的罗上用工笔精绘而成。这种兼具写实和变形的纹饰反映着南宋宫廷画的风格。可惜的是，出土不久之后，泥金花纹就开始脱落。虽然金子化学性质稳定不易变化，但泥金里混合的黏合剂早已风化。同时，泥金着力轻重不一，长时间不动还好，一有动作就开始脱落了。虽然如此，但不难想象，千百年前，穿着这件褐黄色罗镶彩绘花边广袖袍，下着裙裳、腰束彩带的黄昇在陪同丈夫出席重要场合时是如何的衣裙翩跹、仪态万千。

百叠漪皱云轻的褶裥裙

黄昇墓发掘的时候，墓主人黄昇身上穿着 20 件衣服，最外层的分别是褐黄色罗镶彩绘花边广袖袍和烟色罗洒金双凤穿牡丹褶裥裙，这种大袖加长裙的搭配是宋朝命妇的礼服，褶裥裙就是常见长裙的一种。宋代是冠礼的复苏时期，宋徽宗时期为皇子、公主行冠礼和笄礼，其中公主的笄礼要穿的就是“裙背、大袖长裙、褕翟之衣”。黄昇身上第二层为褐色暗花罗镶花边窄袖袍与褐色牡丹花绫镶花边裙。在《礼记·丧大记》中有要求：“衣必有裳，谓之一称。”衣服一定要成套穿着，尤其是在亡者身上。

除了烟色罗洒金双凤穿牡丹褶裥裙，还出土了另外一件褐色罗印花褶裥裙，形制与烟色罗洒金双凤穿牡丹褶裥裙基本相似，保存较为完好，只是不如黄昇身上所穿那条雍容华贵。这两条裙子都属于褶裥长裙，不过宋朝贵妇裙子上的褶可比现代百褶裙要多得多，从黄昇的两件褶裥裙的裙腰和裙摆相差的长度就能看出来。

烟色罗洒金双凤穿牡丹褶裥裙通长 87 厘米，腰宽 104 厘米，下摆宽 127 厘米。褐色罗印花褶裥裙要小一点，通长 78 厘米，腰宽 69 厘米，下摆宽 158 厘米。褐色罗印花褶裥裙的裙身只有一个单独的裙片，裙片由四幅布片拼成。褐色罗印花褶裥裙裙身上窄下宽，下摆呈弧形，裙身是半透明的细罗，每片细罗上都有纵直褶裥，共有褶裥二十一道，在裙子下摆处还

褐色罗印花褶裥裙，福州新店黄昇墓出土，福建博物院藏

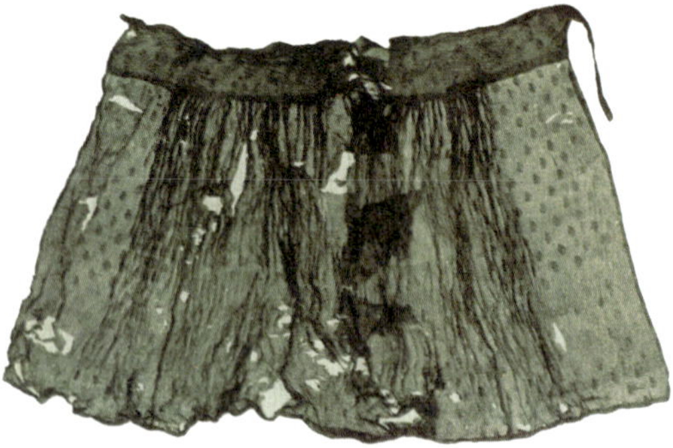

烟色罗洒金双凤穿牡丹褶裥裙，福州新店黄昇墓出土，福建博物院藏

印有金色圆点小团花。诗人苏东坡在《裙靴铭》一诗中就对褶裥裙做了描写:“百叠漪漪风皱，六铢纵纵云轻。”

两条裙子都使用了二经绞罗。烟色罗洒金双凤穿牡丹褶裥裙腰宽更多一点，按照正常女性身材来说，大约可以围一圈半，会在裙腰左右两端形成大面积的重叠，叫作“交叠式褶裥裙”；褐色罗印花褶裥裙刚好围一圈左右，叫作“合围式褶裥裙”。烟色罗洒金双凤穿牡丹褶裥裙上面有运用了洒金工艺的双凤穿牡丹花纹，就算对出身名门的黄昇来说，这条裙子也非常贵重，可能在出席重要场合时才会穿着，而另一条褐色罗印花褶裥裙相对就比较低调，可以用作日常搭配。

这种褶裙在宋朝大致分成了两种：一种沿袭了唐朝、五代时期的样子，较肥阔而周身褶裥，这种在宋朝初期比较流行，叫作“千褶裙”；另一种经过宋朝审美的改良，变成造型瘦长而中间有细裥，用料为六幅、八幅、十二幅不等，叫作“百叠裙”。黄昇墓的褐色罗印花褶裥裙属于百叠裙，在北宋中期和南宋时期比较受欢迎，后来被统称为宋朝的“千褶百叠裙”。最初裙长是可以微微拖地的，裙长足以盖住脚；到了南宋时期，裙长就变短了一些，刚好能露出脚，可能是为了露出缠足之后的弓鞋翘头吧。

南宋时期除了百叠裙，还有一种叫作“赶上裙”的裙子也比较有趣。这种赶上裙前后都开衩，长而拖地，可能是裙身过长不便行动，这种裙子并没有大面积流行，还被认为是奇装异服，很快就淡出大众视野。当时裙子的颜色以黄色最为贵重，像黄昇这样的贵妇多穿黄色，歌舞伎喜穿红色，跳起舞来更加鲜艳夺目，老年人和一些平民百姓多穿青色或者绿色的裙子。

展露曼妙身材的亵衣——宋朝抹胸

说起女性的服饰，内衣是私己熨帖之物。内衣因为平时不能轻易示人，所以也称为“私衣”或“亵”。《说文解字》中记载：“亵，私服也。”南北朝以降，“独尊儒术”的文化出现裂痕，女性的内衣文化便开始挣脱束缚，有了自由发展的趋势，并在隋唐时期达到了一个小高峰，此时的内衣成为展示曼妙身体的载体。宋朝的内衣文化虽然受“程朱理学”思想的制约，但并没有黯然失色，还是向窄、瘦、长、奇这些别具中原特色的方向发展。

根据史料记载，专为女性胸部设计的亵衣最早可能形成于唐。这种亵衣被叫作“诃子”，属于无带内衣，胸下有系带。我们比较熟悉的“抹胸”一词正式出现是在南唐后主李煜的《谢新恩》里：“双鬟不整云憔悴，泪沾红抹胸。何处相思苦，纱窗醉梦中。”

宋朝风气虽然没有大唐那样开放，但是穿着抹胸的女性形象在流传下来的画作中也并不罕见，还有很多“内衣外穿”、酥胸微露的女性形象。宋朝女子会在作为内衣的小抹胸外，再围一条加长的抹胸。这条长抹胸一般被叫作“裹肚”，因为它可以连肚子都遮挡住，最外面会再搭配一件直领、对襟的长外衣或者褙子。

这种抹胸加褙子的穿搭是宋朝普遍流行的一种搭配方式。但因为外面的衣服并不拢严，有时会露出里面的内衣。宋代诗人对此也多有描写。欧阳修在《系裙腰》里说道：“系裙腰，映酥胸。”苏东坡在《鹧鸪天・佳人》中描写了一位怀抱琵琶、酥胸半露的女性时，说道：“酥胸斜抱天边月，玉手轻弹水面冰。”

南京花山宋墓中出土的菱形朵花纹印花绢抹胸是难得一见的宋朝抹胸，属于“只施于胸不施于背”的形制。这件抹胸长 50 厘米，宽 116 厘米，两侧带长 51 厘米，宽 3.5 厘米，呈长方形；绢质，质地轻薄坚韧；上部中间位置有一个宽 5 厘米、深 10 厘米的折褶。这款抹胸采用印花工艺，用黑色印出菱形纹，纹内填以柿蒂小花，纹样个体不大，相错排列，花纹循环，四边以朵花纹印花绢贴边。抹胸上的图案是用印花工艺印出来的，充分表明了宋代丝绸印染工艺水平之高超。

这件抹胸还有一个亮点是中间的褶裥，它很好地解决了

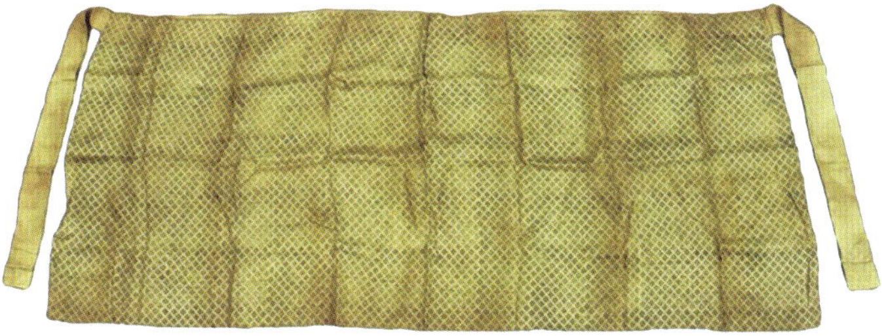

菱形朵花纹印花绢抹胸，南京花山宋墓出土，南京博物院藏

上胸围与下胸围大小差异的问题，使得抹胸更加舒适且不易滑落。抹胸一般都是以颜色鲜艳的罗绢制成，上面还有不同图案的彩绣。冬季还有中间絮上棉花的双层款，遮羞御寒两不误。

这件菱形朵花纹印花绢抹胸上面的柿蒂纹也是宋朝常用的织绣纹样。顾名思义，柿蒂纹以圆点为中心，四周分裂花瓣，整个造型像是柿蒂一样。柿蒂纹一般为四瓣或者五瓣，每瓣指向的方向都不一样。柿蒂纹多用于绫锦及染缬，寓意结实、稳固。柿蒂纹在唐朝时期就很流行，白居易有诗赞美："红袖织绫夸柿蒂，青旗沽酒趁梨花。"柿蒂纹常和如意纹一起使用，取"柿柿如意"的美好寓意。谐音梗

花山宋墓菱形朵花纹印花绢抹胸（局部）

这种事，宋朝人玩得也很明白。

抹胸采用的材料为绢，是一种平纹细织物，因其轻薄柔软常用于制作常服、内衣和衬料。这种丝织物早在新石器时期晚期就已出现，在浙江吴兴钱山漾遗址中就曾发现，证明当时的人已经掌握了绢的织造技术。

绢也是宋朝绘画常用的材料之一，分为单丝绢和双丝绢。宋朝的绢画一般小幅较细，大幅绢质多为粗绢。如果画篇幅较大，就会将绢进行拼接。像范宽的《溪山行旅图》、郭熙的《早春图》、许道宁的《雪溪渔父图》都是双拼而成。还有令苏东坡吓一跳的崔白的《芦雁图》，苏东坡为此还特意写了首《赵令晏崔白大图幅径三丈》的诗，“扶桑大茧如瓮盎，天女织绡云汉上。往来不遣凤衔梭，谁能鼓臂投三丈”，表示自己的惊叹。这种号称“三丈”的绢布，自然也不是平民百姓家能拥有的，崔白是宋神宗在位时期的专职宫廷画家，这种大绢也由朝廷专供。

一钩罗袜素蟾弯——让女人痛苦不堪的弓鞋

黄昇墓除出土大量服饰之外，还出土了六双平底褐色罗翘头弓鞋。鞋长 13.3~14 厘米，宽 4.5~5 厘米。鞋子的尖头处缝缀丝带并且挽成蝴蝶结，看上去美观大方，后跟处有丝带，可以绕脚踝固定。整个鞋面使用的都是三经绞花罗，鞋底用粗麻布。六双鞋中有四双是素色，另外两双鞋帮有金梅花纹样。虽然这几双鞋整体看上去较正常鞋子小了一些，但比起缠成三寸的金莲，已经属于比较“正常”的鞋子了。黄昇入殓时，脚上还缠着长 210 厘米、宽 0.9 厘米的裹脚布带。

缠足的称谓跟脚的大小息息相关，三寸长的脚叫“金莲”，超过三寸长的叫“银莲”，长度超过四寸的为“铁莲”。据说缠足之风兴起后很多男子在谈婚论嫁时，都会暗暗打听女子脚的

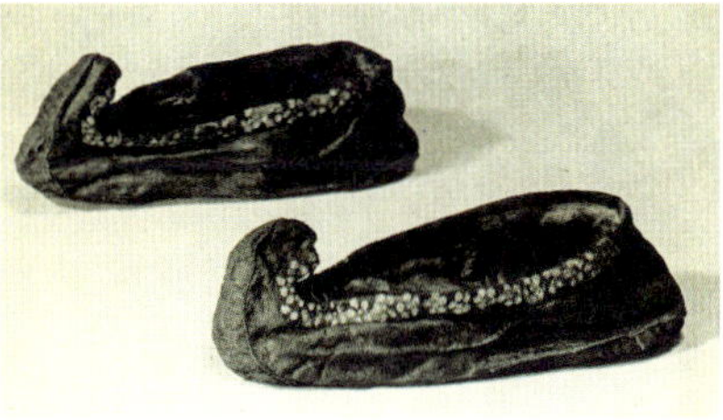

褐色罗翘头弓鞋，福州新店黄昇墓出土，福建博物院藏

大小，陪嫁的物品里还要有长长的裹脚带。南宋的贵妇都以缠足为美，弓鞋这种翘头的设计可以避免踩到裙摆摔倒，为了露出优美的“鞋尖”，裙长一般都不及地。苏东坡的《菩萨蛮·咏足》被认为是第一首咏缠足的词：“涂香莫惜莲承步。长愁罗袜凌波去。只见舞回风，都无行处踪。偷穿宫样稳，并立双趺困。纤妙说应难，须从掌上看。”宋朝“歌咏”缠足的不止苏东坡一人，《全宋词》中关于弓鞋的诗词有将近百首。这种文人对弓鞋狂热的“追求”可能也是让宋朝女子缠足的原因之一。

从保存完好的尸体足部以及出土的鞋袜来看，宋朝女子缠足更多是以消瘦为主，讲究秀气小巧，将大脚趾缠起，从外面看来就像是翘起一个脚尖。鞋帮整体并不高，前端略高于后跟，穿上弓鞋之后走路可能会有点慢。弓鞋的鞋底一般都是普通布鞋的形制，多为布制或者毛毡制。鞋帮边缘会有不同的纹饰，荷花、梅花等花卉或者一些寓意美好的水果都可以作为弓鞋图案。但缠足极大地伤害了女性的身体健康，将一双天然的脚缠至过小的畸形尺寸，以致脚骨骼变形，寸步难行、痛苦万分。

宋朝，妓女可谓带动了缠足的风潮。《宣和遗事》里记载了宋徽宗于宣和五年（1123）私会名妓李师师的事，其中对李师师的赞美之词除了“粉颈酥胸”“桃腮杏脸”之外，还有就是“十指露春笋纤长，一搦衬金莲稳小”。到了南宋，妓女缠足的风气更盛。时人喜好小脚，自然投其所好。词人赵令畤专门写词赞美“弓鞋”，说是刘平叔家中有家妓8人，有四绝“脚绝、歌绝、琴绝、舞绝”，“脚绝”已经成为四绝之首了。只能说宋朝上到帝王，下到词人，对缠足的畸爱超出了常人的想象。

在这样的风气之下，贵族女性缠足实则是为了迎合当时男子的喜好。再加上宋朝的新儒学兴起，以朱熹、程颢和程颐为代表的儒学大家，对女子多有限制。裹脚之后行动有所不便，更适合居于家中，自然也被理学家们一并推崇。到了清朝，男人们对“三寸金莲”越发喜爱，除了各种诗词之外，还会做“妓鞋行酒”，即把酒杯放到妓女的金莲鞋内，做游戏之后再喝掉鞋内的酒。

宋朝虽然出现了缠足，但并非每个女人都缠。在北宋初期，缠足并没有引起文人们的追捧，著名“青楼浪子”柳永写到歌伎时说“轻蹑罗鞋掩绛绡”，当时的舞女还只是穿着罗鞋。等到北宋文学家欧阳修时期，就有“遗下弓弓小绣鞋”的句子了。等到了北宋熙宁、元丰之后，缠足的风气便已兴盛起来了。但做粗活的劳动妇女是个例外，在现在遗留下来的很多画作中，干活的妇女都是一双天然、健康的脚。宋代王居正的《纺车图》、刘松年《茗园赌市图》以及梁楷的《蚕织图》等画作中，劳动妇女都是一双正常大小的脚。其实这种情况很好解释，在穷苦的百姓家，果腹才是第一要务，追求时人认可的美要放在生存之后。北宋徐积的诗中说，“何暇裹两足，但知勤四肢”，也说明了这种情况。

婚礼必备的霞帔

霞帔的起源最早可以追溯到汉代，东汉刘熙在《释名·释衣物》中记载：“帔，披也，披之肩背，不及下也。”帔灵动飘逸，在民间广泛流传。唐朝的时候很多妇女都把帔子搭在胳膊、披在肩背处，唐朝诗人张鷟的《游仙窟》中就有“迎风帔子郁金香，照日裙裾石榴色”的诗句。霞帔在唐朝也

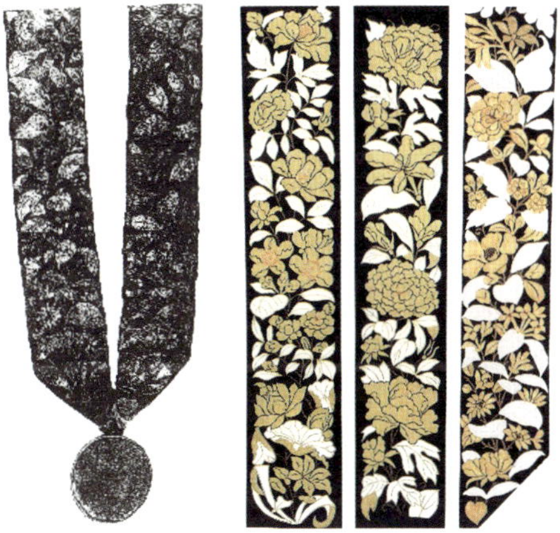

四季花卉纹霞帔，福州新店黄昇墓出土，福建博物院藏

是女子常用的服饰，唐代白居易在《霓裳羽衣歌》中咏道：“虹裳霞帔步摇冠，钿璎累累佩珊珊。”

黄昇墓中出土了四季花卉纹霞帔，长 213 厘米，宽度约 6 厘米，是一条绣满花卉纹的细长带子，在带子的交会处，形成一个“V”字形。在穿戴的时候，这条长带绕过颈部，搭在穿戴者的肩头。尖角一端垂在身前，为了使霞帔平整地下垂，还会有一个帔坠。帔坠的材质通常有金、银、银鎏金和玉几种质地，以金、银居多。帔坠的图案纹饰多种多样，形状各异，是富贵人家嫁娶所备嫁妆或聘礼之一。

这种霞帔在宋朝并非人人都可拥有，属于命妇常礼服的一部分。《宋史·舆服志》有记载：“其常服，后妃大袖，生色领，长裙，霞帔、玉坠子。”《宋宣祖后坐像》轴上的皇太后杜氏即穿礼服，佩霞帔。

霞帔作为命妇常礼服的一部分，还被皇帝规定为“非恩赐不得服”。江西德安的周氏是南宋新太平州通判吴畴的妻子，受封诰命为“安人”，她的墓内出土了金褐色素罗霞帔。

正是因为霞帔不是人人都可以佩戴的，所以在宋朝的后宫中，还出现了“红霞帔”“紫霞帔”这样的名号。在宋朝张

《宋宣祖后坐像》轴，台北故宫博物院藏

扩的《东窗集》中记有“红霞帔冯十一、张真奴、陈翠奴、刘十娘、王惜奴等并转典字，红霞帔鲍倬儿、紫霞帔王受奴并转掌字制”一则，其实就是一纸“任命书”，把原来身份是“红霞帔”“紫霞帔”的宫女“提升”为典字、掌字。按照宋例，典字是正八品，掌字是正九品，在宋朝女官的编制中属于最低的两级。如果做典字、掌字都算是“升级”的话，“红霞帔”“紫霞帔”原来的地位就更加可想而知。按照现在的推断来说，可能就是在名号上与普通宫女有所区别，但从地位上来说差别不大。只有继续获得皇帝的宠爱，她们才有可能成为有正式名分的后妃。

黄昇墓出土的四季花卉纹饰霞帔上面的花卉是印金工艺制成的。宋朝的刺绣针法细密，图案严谨精致，当时皇帝的礼服、官员的朝服，以及后妃、命妇的很多服饰都是刺绣的精品。明朝的《考槃馀事》对宋绣有过记载：“宋之闺秀画山水、人物、楼台、花鸟，针线细密，不露边缝，其用绒一二丝，用针如发细者为之，故眉目必具，绒彩夺目，而丰神宛然，设色开染，较画更佳，女红之巧，十指春风，迴不可及。”

黄昇墓内除了霞帔之外，还出土了两件帔坠，一件心形，一件圆形。这两种属于宋朝比较常见的帔坠形状，不过帔坠上面的纹样图案可以有很多种。最早出土的帔坠是南京幕府

银鎏金转官球纹帔坠，江西德安南宋周氏墓，福州市博物馆藏

凤穿牡丹纹金帔坠，南京幕府山北宋墓出土，南京市博物馆藏

金满池娇纹帔坠，江西安义南宋李硕人墓出土，江西省博物馆藏

山北宋墓中的凤穿牡丹纹金帔坠，凤穿牡丹纹属于宋人常用的纹饰。在其他宋墓内还出土过金卷草纹和双龙纹的帔坠，宋朝时龙非天子专属的纹饰，所以皇室以外的人也可以使用。

那时候的帔坠还没有形成严格的使用制度，但仍旧有一些帔坠不会被纳入正规舆服序列中，例如转官球、满池娇等纹样的帔坠。

欲说还休的盖头

唐朝诗人白居易曾写下“千呼万唤始出来，犹抱琵琶半遮面”的诗句。这种女子欲见还羞的遮面的形象，在出土的古代文物中非常普遍。1975 年，在鄱阳磨刀石乡南宋洪子成夫妇合葬墓就出土了一件遮面瓷俑。这件盖头覆面女俑，高 17 厘米，素瓷，捏塑，现收藏于江西省博物馆。

盖头覆面女俑，鄱阳磨刀石乡南宋洪子成夫妇合葬墓出土，江西省博物馆藏

女子用来遮面的巾帕就是所谓的“面衣”。面衣的名字、形制从诞生起发生了很多变化。汉魏时期关于面衣的记录与赵飞燕有关，她登上皇后之位时，妹妹赵合德送的贺礼中就有“金华紫罗面衣”。魏晋南北朝的面衣多用材质轻薄的罗，既能达到遮面的效果，又不会遮挡视野。在《旧唐书·吐谷浑》中有记载“男子通服长裙、缯帽或戴幂篱”。幂篱就是那时候西域

手捧幂篱的女侍图，燕妃墓后甬道南口西侧，昭陵博物馆藏

人为了遮蔽风沙所戴的面衣，等到后来传入中原才成为女子出行时遮掩面容的帽子。

唐朝，幂篱十分盛行。最初幂篱长到可以遮盖身体，有“妇人施幂篱以蔽身”的记载；到了永徽年间，幂篱长度就只到脖子，名字也改成了“帏帽”。等到武则天掌权，女子地位有所提高，基本上只有帏帽，没有幂篱了。一般女子在骑马的时候才会戴帏帽，有诗云：“马带桃花锦，裙衔绿草罗。定知帏帽底，仪容似大哥。”这里的“大哥”指的就是武则天。当时著名的画家阎立本在《昭君出塞图》中画了一个戴帏帽的女人，虽然汉朝时期帏帽并不存在，但因为这幅《昭君出塞图》影响很大，以至于在很长时间里，大家都把帏帽错称成“昭君帽”。等到开元年后，民风越发开放，用帏帽的人就越来越少了。

宋朝的面衣也叫作“盖头”，与汉朝的面衣区别在于盖头没有带，而面衣有带。宋代高承编撰的《事物纪原》中记载：“又有面衣，前后全用紫罗为幅，下垂，杂他色为四带，垂于背。”在宋人周辉的《清波别志》中也称：“妇女步通衢，以方幅紫罗障蔽半身，俗谓之盖头，盖唐帷帽之制也。”盖头的形式多种多样，简单的就是一块大方巾，用的时候把头盖住；也有的把布裁成条状，从前往后搭，只遮住脸面，耳鬓部分则露在外面，鄱阳宋墓出土的女俑戴的就属这种；还有复杂一点的，盖头会被做成巾兜，用的时候就套在头上，前面可以开合，根据需要撩开或合拢。

在宋朝，女子面衣最大的功能不是防风沙尘土，而是遮挡自己的面容。封建礼教对女子要求较多，朱熹在任同安县主簿、漳州知州的时候，要求女子出门必须用花巾兜面，后人称其为“文公兜”。司马光也认为“妇女无故不窥中门……有故出中门，必拥蔽其面，如盖头、面帽之类”。正是因为士大夫的推崇与提倡，遮面出门成为一种时尚，颇受不事劳作的达官贵妇和大家闺秀的青睐。元宵节去街上观灯，妇女“幂首巾”上街；到小店饮酒仍“以巾蒙首”。有些农家妇人出门也会戴。但也有不少上等阶层的妇人，花冠艳服出门，不肯把脸挡住。无视遮面倡议的还有很多农妇与商贾妇女。尤其商贩女子，不仅包揽家里的杂务，还要在街上抛头露面，忙活生意。刘松年的《茗园赌市图》里就有卖茶女子的装扮，简便利索，怎么方便怎么来，根本不做遮面这样的无谓打扮。戴盖头？不存在的。

后来，这种戴盖头的行为在宋朝的婚俗里产生了新的作用。婚礼时除了盖头遮面，宋朝还有以扇子遮面的礼节，叫作“却扇礼”，也是遮住新娘子容貌的一种方法，但须要新娘子一直手持扇子。整个婚礼流程走完，新娘的手应当举得很累，也许因此，扇子慢慢退出了婚礼的流程，反而是盖头长盛不衰，在成婚的时候成为新娘的首服，一直到现代仍旧很有市场。

从宋朝首饰看四时节气

人们常说，顺时节，应时气。古时候就有按照时令节气来佩戴饰物的习惯。

在立春时，人们头上都要戴着“彩燕”“春燕”等幡胜。宋朝陈元靓在《岁时广记》中说：“立春日，京师人皆以羽毛杂缯彩为春鸡、春燕，又卖春花、春柳。”春燕是用彩帛、绢、纸等剪制成飞燕的形状，有的还粘贴羽毛，用的时候会把春燕系在簪钗之首，插在两鬓，也可用彩鸡来替代，叫“春鸡”。辛弃疾在《汉宫春·立春日》里写道：“春已归来，看美人头上，袅袅春幡。”春幡春胜种类众多，如燕子、鸡、花鸟、蝴蝶等，宋朝民间男女都有立春戴幡胜的习俗。当时北宋都城东京（又称“汴京”，今河南开封）就已经有专卖剪纸的店铺，叫“剃剪纸”，而且手艺十分高超，可以在袖子里剪出字还有花朵之类的图案。

这种“春鸡”在宋朝的《大傩图》中就有所体现。《大傩图》是描绘驱除疠疫的风俗画，画面上一共十二个人，都

（宋）佚名《大傩图》轴，故宫博物院藏

穿着奇异的服装，戴着不同样式的帽子，除了巾、冠和斗笠之外，还有粗角的牛首面具，有的头戴农家院子里的斗、篓或簸箕，插着花枝、松、柏和梅，还饰有蝴蝶、飞蛾或翎毛。画面充满了动感和欢乐的气氛。因为春天为万物复苏的时节，古人认为，那些让人生病的“邪气”也会在春天复苏，所以很多驱除疠疫的祭礼都在春天开始。

等到了端午，佩戴的首饰就多和辟邪有关了。手上的长命缕、头上的钗头符，据说都有辟邪之意。长命缕就是用白、蓝、黑、红、黄五色丝线或绒线编成的饰物，拴在儿童手臂、手腕、胸前，或者悬挂于儿童的蚊帐、摇篮上。《宋史·礼志·十五》记载：“前一日，以金缕延寿带、金涂银结续命缕、绯彩罗延寿带、彩丝续命缕分赐百官。节日戴以入。”这五种颜色分别代表了金、木、水、火、土，同时也象征着西、东、北、南、中，这种风俗一直流传到现在。钗头符就是用五彩缯帛剪制成符牌，插在发髻上。宋朝陈元靓在《岁时广记·钗头符》中记载：“端午，剪缯彩作小符儿，争逞精巧，掺于鬟髻之上，都城亦多扑卖，名钗头符。”

在端午这天，宋朝孩童是最活跃的，宋人周申《寿友人》中有“家家妆点垂门艾，儿童报道端午来”的诗句。孩童除了走街串巷地疯玩，也会上演水榭演剧，在苏汉臣的《重午

（北宋）苏汉臣《重午戏婴图》轴，台北故宫博物院藏

戏婴图》轴中，能清楚地看到宋朝儿童端午节表演和游戏的场景。儿童在这一天的装扮也多有记载，如在《西湖老人繁胜录》中的："扑卖诸般百索，小儿荷戴，系头子，或用彩线结，或用珠儿结。"

等到立秋的时候，时兴戴楸叶。人们把楸叶剪成各种花样戴在头上。"楸叶"谐音"秋叶"，在头上戴楸叶，可保一秋平安，是为了"应节序"。吴自牧的《梦粱录》中记载，每到立秋的时候，都城内外都有叫卖楸叶的，无论是妇人还是儿童都争相购买。孟元老的《东京梦华录》中也有"立秋日，满街卖楸叶，妇女儿童辈，皆剪成花样戴之"的记录。都说夏秋交接之际，酷暑的威力更加让人难以忍受，所以消夏就成了宋朝人生活中必不可少的活动。在《槐荫消夏图》中，就能看见矮榻之上袒胸露乳、恬然入睡的高士，神情洒脱，悠然自得。

在这些节令里，元宵节的首饰是最丰富的，有闹蛾、雪梅、花蝶、雪柳、灯球、菩提叶等小发饰，很多京师的居民都是戴着这些饰品去鳌山上看灯。南宋李嵩的《观灯图》上，就描绘了元宵节期间的花灯，两个童子一提瓜形灯，一提兔儿灯，旁边桌子上还有一只走马灯。

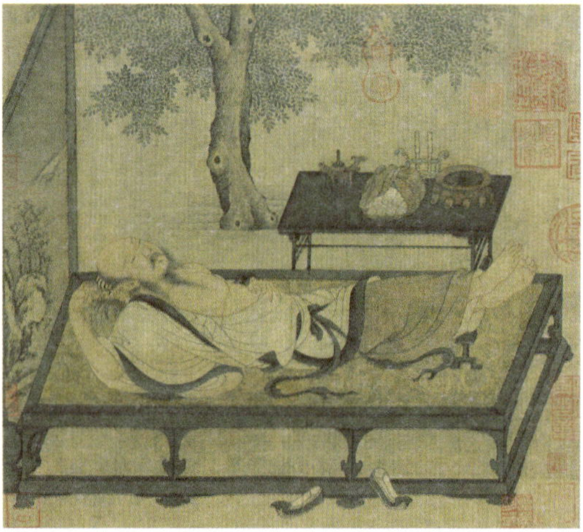

（宋）佚名《槐荫消夏图》，故宫博物院藏

出门看灯的装扮中，簪钗上的闹蛾可不是蛾子，而是一种由金箔片、金银丝或者铜片、薄纱做成的呈蝶、蛾形状的首饰，常见的蝴蝶、蜻蜓、蛾子、蜜蜂等能飞的小昆虫都在其中，还会用猪鬃尖贴在上面做成飞虫的触须，配以花朵、枝叶固定在簪钗上。走起路来翅膀微动，触角轻颤，就像真正的飞虫绕在发间一样。五代时张泌有词曰："高绾绿云，低簇小蜻蜓。"辛弃疾《青玉案·元夕》词中也有"蛾儿雪柳黄金缕，笑语盈盈暗香去"的句子。除此还有用纸或者罗绢做成的蝴蝶样首饰，花蝶就是其中一种，插在鬓发间，走起路来随身体颤动。朱玉的《灯戏图》中，还非常细致地画了几个头戴花蝶的男子，可以看出花蝶的轻盈灵动。在浙江永嘉宋遗址出

（南宋）李嵩《观灯图》，台北故宫博物院藏

土的首饰中，还有鎏金的银质花蝶。“玉梅”是用纸或者白色丝织品做成的梅花状饰物，又叫“雪梅”。与它常一起使用的是雪柳，是由纸金银箔或者罗绢剪成的呈柳条形状的饰品。

纸质的饰品还有菩提叶，就是剪出菩提树上鸡心形的叶片形状。因为菩提树多生长在南方，北方很难得到，故人们多以常用的纸或者罗、绢制成叶子的形状。在南宋都城临安还有很多专门制作、贩卖这类饰品的小商贩。宋朝人对美好的追求是一个长期的过程，随着季节的变换，首饰也发生变化，但这颗爱美、祈福、向往美好生活的心是没有变的。

料峭轻寒透夹衣 平民服饰

宋朝百姓的四季服饰

宋朝随着画院的兴起，很多优秀的画家都加入其中。“学成文武艺，货与帝王家”，画院画家创作的主题大多以皇帝的喜好为导向，围绕山水、花鸟、佛教、道教等题材作画，创作的自由多多少少会受到限制。到了北宋中期，皇帝青睐描绘京城汴河两岸市井俚俗的风俗画，著名的《清明上河图》就是翰林待诏张择端敬献给宋徽宗的贡品，画上还有宋徽宗亲笔题字“清明上河图”。因此很多画家也把目光放到普通百姓的生活中去。这种以百姓的日常生活、社会风俗为题材的人物画就被称为“风俗画”。

这幅没有作者名款的《斗浆图》也属于宋朝风俗画，绢本设色，纵 40.6 厘米，横 33.8 厘米，现在收藏于黑龙江省博物馆。

斗浆就是斗茶，也叫“茗战”，是用比赛的方式比较茶叶

（宋）《斗浆图》，黑龙江省博物馆藏

的好坏与品茶技艺高低的活动。宋朝时期的斗茶活动十分兴盛，北宋文学家范仲淹在《和章岷从事斗茶歌》一诗中，生动地描绘了斗茶的场景：“鼎磨云外首山铜，瓶携江上中零水。黄金碾畔绿尘飞，紫玉瓯心翠涛起。斗余味兮轻醍醐，斗余香兮薄兰芷。其间品第胡能欺，十目视而十手指。”刘松年《茗园赌市图》也是描绘斗茶场景的精彩画作。

《斗浆图》上共有六位提茶瓶者参与斗茶，每个人头上都扎着皂色裹巾，身上披着或白色或青色的襦袄衫，下身穿白裤。三人穿着草鞋，一人穿着蓝色布鞋，还有一位长须老人光着脚没有穿鞋，从衣着打扮来看他们应该是底层的小商贩。据《东京梦华录》记载："其士农工商，诸行百户，衣装各有本色，不敢越外。"虽然普通百姓日子过得清贫，但斗茶，平民有平民的"斗法"。

从光脚老人还有其他露胳膊、露腿的人来看，这场斗茶，应该发生在天气炎热的夏季。宋朝对百姓的服饰规格及颜色有明文规定，所以四季服饰能变换的花样并不多。哪天开始"换季"也有历可循，换下厚重冬装，穿上春装的时间是二月初二，叫作"中和节"。唐朝为二月初一，"二月一日，谓之'中和节'，唐人最重，今惟作假"。在中和节这一天，帝王"进单罗御服"，百官"服单罗公裳"，百姓也是从这一天开始穿春装。

因为春天和秋天气温差不多，所以春装和秋装基本一样，男子日常穿着的多为襦、直裰、袍、袄和褙子。到了初秋或者深春，就穿轻薄些的衫、裤，干活的时候为了方便，多穿短袖。夏天的时候，不再穿襦、袄，改穿单衫，端午节之后，平时多穿薄衫，干活的时候一般是半臂、背心，搭配短裤。

宋朝的冬季取暖从农历十月初一开始，称为"开炉节"，意味着冬天正式到来。这天，朝廷会赐给官员过冬的衣服，《东京梦华录》记载："十月一日，宰臣已下受衣著锦袄。"百姓的冬衣则需要提前很久开始准备，豪华的有裘皮、毛毡，差一些的穿棉衣，家境贫寒的穿纸衣。

从服装的材质来看，麻布是平民使用最多的面料，虽然其质感粗糙，但胜在价格最为低廉。家境好一些的会选用纱、罗、绢、绫等。这些丝织品的价格差距很大，最贵的锦是丝织品中的奢侈品，百姓没有资格使用，在市面上也很少流通。

百姓冬天最常穿的是棉衣，即在夹衣中缝入棉絮。除了塞入棉絮，还可塞缫丝副产物——丝绵。北宋时期的棉絮价格虽然常有波动，但每两棉絮的价格基本都在一百文以下。到了南宋绍兴年间，每两棉絮的价格竟高达五百文左右。

宋朝时，乡下百姓一天的收入在几十到一百文之间，像是《斗浆图》中的小商贩，每天收入在一百到三百文之间，这个收入要让全家都穿上棉衣可有些困难，因此穿不起棉衣的百姓只好穿纸衣过冬。纸衣也叫作纸裘，先熬煮楮树的皮，熬煮时加上胡桃和乳香，之后再把楮皮纸做成衣服。为了让纸裘更加保暖，还会再添一些麻絮，这样就做出了一件坚韧敦厚、耐折耐磨的冬衣，缺点是不怎么透气。这种纸衣的材质很环保，可循环使用，破旧了修补一番即可继续穿着。修补纸裘，苏东坡比较有经验："纸被旧而毛起者，将破，用黄蜀、葵梗五七根捶碎，水浸涎刷之，则如新。或用木槿、针叶捣水刷之，亦妙。"除了纸衣自然还有纸被，陆游曾经收到过南宋理学家朱熹给自己寄的纸被，他还写了一首《谢朱元晦寄纸被》的诗表示感谢："纸被围身度雪天，白于狐腋软于绵。放翁用处君知否？绝胜蒲团夜坐禅。"纸被温暖人心，朱熹真是雪中送炭。

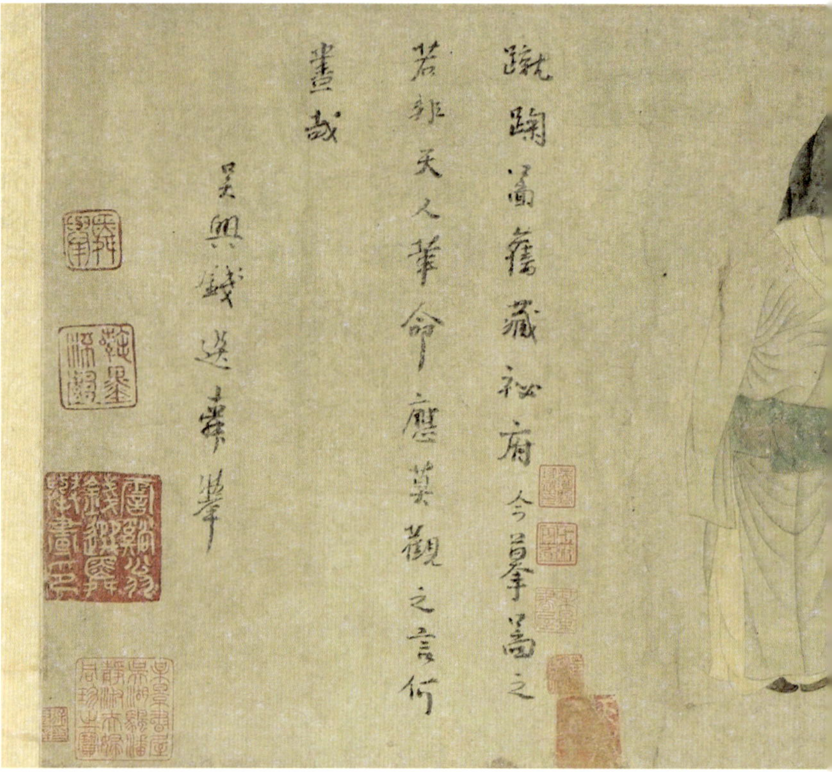

（元）钱选《宋太祖蹴鞠图》，上海博物馆藏

宋朝人蹴鞠时穿什么服装？

蹴鞠，又叫“踢圆”或“蹴球”。史料记载，足球运动最早就是发源于中国 2000 多年前的蹴鞠。“蹴”，用脚蹴、踢或踏；“鞠”，最早是用皮革做皮，内充毛发的球。

蹴鞠起源于春秋战国时期齐国的故都临淄（今山东淄博），当时就已经是一项成熟的娱乐活动，在民间尤为受欢迎。秦始皇统一六国之后，蹴鞠运动一度沉寂。西汉建立，蹴鞠又重新回到人们的生活中。汉朝人并不把蹴鞠当作单纯的休闲玩意，而是把它视为“治国习武”之道，班固把《蹴鞠二十五篇》归入汉书中。

历代关于蹴鞠的画作也很多见，但可惜的是宋朝苏汉臣所绘的《宋太祖蹴鞠图》已经失传，现在留存的为元朝摹本，但也足以看出，蹴鞠在宋朝的受欢迎程度。

马远所画，藏于克利夫兰艺术博物馆的《蹴鞠图》，是现存蹴鞠图中最大的一幅，也是唯一一幅球在空中“飞”的画作。图中共有 9 人，7 男 2 女，参与高空球争抢的是 4 人，头戴巾子或幞头，身穿圆领或交领的袍，腰间有束带，下身穿着便于活动的裤子。

《宋太祖蹴鞠图》中宋太祖的装扮也与此相似，身穿团领窄袖袍，前襟掖在绦儿边，身边陪同的人戴着幞头，穿着右衽交领袍。

可见不管是皇帝还是平民，蹴鞠时所穿服饰基本相同，除了材质有所区别。头上的幞头或者头巾可以很好地捆扎头发，避免头发在剧烈运动中散乱，能让人更自如地跑动。

蹴鞠是宋朝最受欢迎的娱乐活动之一，从宫廷到民间对这项活动都非常热爱。施耐庵的《水浒传》中，就有一位名叫“高俅”的人，他凭借着高超的蹴鞠技艺获得皇帝赏识，成了太尉。高俅第一次进端王府，看见端王正在蹋球，他头戴

（宋）马远《蹴鞠图》轴，克利夫兰艺术博物馆藏

软纱唐巾，身穿紫绣龙袍，腰系文武双穗绦，把绣龙袍前襟掖扎起，揣在绦儿边，足穿一双嵌金线飞凤靴，这一身衣服是贵族阶层蹴鞠时的“高定”。

宋徽宗对于这种娱乐活动确实非常喜欢，他看见宫女踢球之后还写下了“韶光婉媚属清明，敞宴斯辰到穆清。近密被宣争蹴鞠，两朋庭际角输赢”的观后感。宋朝还有专门的女子蹴鞠队，史书记载，“宋女弟子队 153 人，衣四色，绣罗宽衫，系锦带，踢绣球，球不离足，足不离球，华庭观赏，万人瞻仰”。

在宋朝皇帝祝寿、宴饮群臣、接待外宾的时候，蹴鞠也是一种很好的助兴活动。《东京梦华录》记载：“入内上寿，大起居……第六盏御酒，笙起慢曲子。宰以酒，慢曲子。百官酒，《三台》舞。左右军筑球……”筑球是有鞠门的蹴鞠，这时候的蹴鞠是有一定竞技性的，大多由男子参加，胜利者会得到“彩头”，如奖励银碗锦彩，失败的队伍“球头”会“吃鞭”。左右军是当时宫廷内专门管辖蹴鞠表演的群体。南宋时因为资金匮乏，加上宫廷内场地有限，宫中不再设有专门的蹴鞠团体，但仍会通过教坊召集民间的蹴鞠艺人来表演。

在蹴鞠服饰上，以宋朝皇帝为代表的男性，一般都穿圆领窄袖袍，还有“V”字形的交领和团领开敞翻折着穿，衣服的前襟用丝带系住，下摆掖扎，脚上多穿丝鞋，便于活动且透气，其颜色多为红蓝或者红黄，方便观众辨认，鲜明颜色的竞技服也能更好地刺激观众的视觉。官方蹴鞠队代表的左右军就有专门的竞技服，《东京梦华录》记述了“左军球头苏述”头戴长脚幞头，身穿红色锦袄，其余诸人戴卷脚幞头，也穿红色锦袄，右军球头和其余人皆穿青色锦袄。

宋朝不设球门的蹴鞠不受场地限制，男女均可参加。女子蹴鞠时一般都是束高冠髻，同时会穿着敞开式的蹴鞠服，多为直领对襟，衣服的下摆要长到膝盖以下或者长到脚踝，有时还会搭配缕金罗带。夏天的时候，就穿一种袖子短的衫。下身穿着旋裙，内里是开裆裤，脚穿弓鞋，为了方便裙子的长度变短到小腿肚位置，裤子会露在裙子之外。

除了上场参加蹴鞠的主力队员，场下的“啦啦队”和乐队成员的穿着也是一道亮丽的风景线。击鼓人“背结宽袖，别套黄窄袖，垂结带金裹鼓棒”。还有两旁“助威”的队列，有杖鼓二百面的鼓手，“皆长脚幞头，紫绣抹额，身穿紫宽衫，黄窄袖，结带，黄义襕”。教坊乐部，“皆裹长脚幞头，随逐部服紫、绯、绿三色宽衫，黄义襕，镀金凹面腰带”。

鼓手、乐手的着装明亮艳丽，旁边还有容颜过人的女子舞者在旁边加油助威，舞者队伍多达四百余人，其打扮艳丽非常，或戴花冠，或仙人髻，鸦霞之服，配上澎湃激昂的音乐，现场气氛高潮迭起。有音乐，有“啦啦队”伴舞，宋朝时蹴鞠队的待遇可以说是非常好了。

古画上的宋朝儿童

古时候并没有童装一说，儿童的衣服其实相当于大人衣服的缩小版。现在留存下来的儿童衣服较少，只能通过一些壁画、瓷器上的图像窥探宋朝儿童服装的风格。

宋朝有位擅画儿童的画家，名叫苏汉臣，他笔下的宋朝儿童栩栩如生。这幅《冬日婴戏图》生动地描绘了一对姐弟初冬时在庭院里戏耍的场景。

姐姐穿着右衽镶青灰边的素色长袍，腰上系着红底白花的绸带，头上盘着双髻，用同样红底白花的绸带装饰，脚穿深色鞋；弟弟在姐姐的侧后方，穿对襟红边素衣，头上梳着满头髻，束结着红丝缯，形如鹁角，脚上穿着青灰色的鞋子。

宋朝儿童服饰的面料以麻纺、棉帛、丝绸为主，图案多为植物纹、动物纹和几何纹，与成人相差不多。画中的姐弟明显家境不错，他们的衣服应该是棉帛或者丝绸的料子。姐姐的发髻是宋朝女童常梳的发型。弟弟的头发被梳成“蒲桃髻”，

（北宋）苏汉臣《冬日婴戏图》，台北故宫博物院藏

应该是夏天刚过去，正是可以留长头发的时候，所以才有这满脑袋的“小鬏”。

古人对各年龄段的男女都有着专门的称谓，其中有一些与发型有关。如三四岁到八九岁的孩童叫“垂髫”，十四岁之前叫作“总角”；女子成年，需要将头发挽起来用发簪别住，称为“及笄”；男子成年，称为“弱冠”。不同朝代成年的标准各有不同，宋朝女子十三、男子十六就成年了。

古时候认为胎发不洁，所以会剃掉胎发，让头发重新生长，在长头发的过程中，也会根据情况对头发进行装饰，束发用品和饰物被称作“头衣”。《冬日婴戏图》中的姐姐，头发就是用缎带束扎缠绕并用玉珠做装饰，花纹与腰带的花纹保持一致。弟弟的束发“丝缯”也是常见于宋朝男童头上的装饰品，且多为红色，家庭富裕的用丝织品，差一点的用麻布条。宋理宗时期，孩童削去胎发时，会留一撮头发，在头顶左侧的称为“偏顶”，留于顶前以丝绳扎缚者称“鹁角”。鹁角和偏顶的差别只在于头顶的位置不同，留好之后还要用绳带束扎。除了鹁角外，辫子也是常见发式，而且辫子数量不一，时多时少。在苏汉臣的《秋庭戏婴图》轴里，可以看到类似发型。

（北宋）苏汉臣《秋庭戏婴图》轴，台北故宫博物馆藏

宋朝儿童的头衣还有各种帽子，如斗笠、瓜皮帽、漆纱笼冠、裘皮暖帽等。斗笠、瓜皮帽一般为平常百姓家使用，漆纱笼冠和裘皮暖帽则是皇室贵族使用的奢华帽子。夏天一般会戴斗笠或不戴头衣，冬天会丰富很多，如用来挡风保暖的风帽会设计成老虎、狮子、兔子等动物造型。人们在帽子的前额勾勒出动物特征，帽子两侧有耳朵装饰，豪华一点的，边缘还会镶缀上一圈裘皮。

除了帽子之外，头巾也是平民装束的一大类。“古帻无巾，王莽头秃，乃始施巾”，这是蔡邕在《独断》里提到的头巾出现的缘由。虽然并非戴头巾的人都头秃，但蔡邕的话给佩戴头巾添加了一丝丝“悲伤”的色彩。头巾以实用目的为主，用来捆扎头发便于劳作或用来保暖。还有一种宋朝小孩的装饰，叫作“束额”，也叫“抹额”。束额就是在额间扎上不同材质制成的头箍状饰物。据说，在秦朝时它是用来做军队标识物的。汉朝延续了秦朝的制度，规定不同军队要佩戴不同颜色的抹额。唐朝的束额最初也用于军队，民间也有佩戴，女子外出女扮男装的时候也会佩戴束额。到了宋朝，其形制更加繁多，有“布条围勒于额”“彩锦缝制成菱形，紧扎于额”“纱罗裁制成条状，虚掩在眉间”“用黑色丝帛贯以珠宝，悬挂在额头”“以丝绳编制成网状，上缀珠翠花饰，使用时绕

（北宋）苏汉臣《货郎图》（局部）

额一周，系结于脑后”等多种。苏汉臣的名画《货郎图》上就有头戴帽子和抹额的孩童。

束额的装饰非常丰富，会点缀珍珠翡翠，富贵人家还会用貂皮、鹿皮、羊皮或水獭皮制成束额，这种皮草类的束额称为“卧兔儿”，有的还会在束额上贴金，阳光一照便会光彩熠熠。但多数人家的抹额都是以棉麻布料制成，上面没有珠宝装饰。束额也是用来区分佩戴者地位的标志之一。

穿衣自由的宋朝小孩

在宋朝，大人和孩童的服装款式、形制基本一样，比如长衫、夹裤、帽子等，只用尺寸大小作区分。但是有一件衣服，只有孩子可以肆无忌惮地想穿就穿，想露就露，那就是肚兜。在古代，肚兜多为内衣，成年人穿着肚兜一般是为了保暖，对孩童而言，肚兜则是一件夏天的“常服”。肚兜可以说是宋朝孩童在成长过程中必不可少的一件衣服。

这幅宋人《秋庭戏婴图》为绢本设色，纵 23.7 厘米，横 24 厘米，现收藏于北京故宫博物院。画上三个小孩正在“舞刀弄枪”地玩耍着，他们都穿了一件红色的肚兜，其中一个女童穿了上衣和裤子，一个男童穿了开裆裤。

肚兜作为孩童的服饰主要是为了保暖。南宋的儿科医家陈文中的《小儿病源方论》中就明确写有小孩的养育原则：“忍三分寒，吃七分饱。频揉肚，少洗澡。及要背暖肚暖足暖，要头凉心胸凉，亦至论也。”这种育儿方法在现代也是适用的，但夏季炎热，一件仅能护住胸腹的肚兜就受到了很多家

（宋）佚名《秋庭戏婴图》，故宫博物院藏

长的青睐。在大多宋朝的绘画作品中，孩童穿的肚兜颜色都为红色，一方面是因为自古人们就认为红色喜庆，可以给孩子带来一定的祝福，另一方面就是在古代红色染料易得，有天然矿物像朱砂、赭石等，也有植物染料。

红色的染料早在六七千年前的新石器时代就已经被人们发现和应用了，那时候使用的是赤铁矿粉末，后来又开始使用朱砂，但是这两种矿物染料的颜色牢度较差，出汗后很容易把颜色染到身上，衣服洗后颜色也会越来越淡。宋朝的时候，染红多用红花，也用苏木和茜草。红花虽然常用，却和苏木一样不是宋朝的本土植物。据南宋宗室赵彦卫的《拥炉闲话》中的记载可知，红花是汉朝张骞出使西域时带回来的异域产物。宋朝上到皇家宗室、下到平民百姓，都很喜欢染色之后的服饰。为了给官服以及皇家宗室服饰染色，宋朝设有单独的染院。宋仁宗时期，因宫中有皇女降生，动用了库藏的八千匹绫罗，要奖赏张氏。大文学家欧阳修看不过去，就上了一个叫《论美人张氏恩宠宜加裁损札子》的折子说："染院工匠当此大雪苦寒之际，敲冰取水，染练供应，颇甚艰辛。"欧阳修的意思就是让宋仁宗也体谅一下染院的工人，大冷天还要去凿冰取水。除了官方的染院，民间的染色机构也很多，染色技术也非常成熟。大规模的染色自然需要大量的原材料，因此当时染料的种植达到了很大的规模。朝廷为了满足官方丝织品的印染，每年购买红花、紫草等染料的重量达 10 万斤以上。

用红花制作染料的过程不算复杂，红花摘回后，用硬物舂成浆，加清水浸渍，方便颜色析出。在混合液分层后用布袋把黄汁吸走，留下红色素，想要进一步提纯红色素的话，还可以用淘米水进行冲洗，这种方法被叫作“杀花法”。但是红花不是四时花卉，为了更好地保存，人们还研制出了“红花饼”，就是把沉淀后的花浆上面盖上有抑菌作用的青蒿，放上一夜后捏成饼，阴干处理，就可以长久保存。

虽然过程描述起来很简单，但在大规模使用时也有很多细节需要注意。为了更好地得到理想的颜色，对媒染剂的选择和用量也有一定的标准。朝廷的染院常用的媒染剂有白矾和绿矾，民间常用的就是草木灰。除了媒染剂，对水也有较高的要求，欧阳修奏折中提到染院工匠凿冰取水，是因为平时染院可能一天换两次水，为了给张氏生的小皇女做新衣服，一天要换三次水。穿在宋朝人身上的红肚兜，看似简单但实际上制作过程耗时且烦琐。真是一抹来之不易的红！

喜穿道袍的宋朝文人

宋朝道教盛行，很多文人在平常生活里都会做道士装扮，这种情况的出现和当时的社会环境有很大关系。宋朝成立之初就对文人士大夫予以厚待，宋太祖在未正式成为皇帝之前就曾说过，“作宰相当须用儒者”，之后更是采取多种措施提升文人的地位与待遇。出身贫寒的宋朝诗人王禹偁在《对雪》一诗中写道：“月俸虽无余，晨炊且相继，薪刍未阙供，酒肴亦能备。”

宽松的环境加上充足的物质保证，给予了当时的文人更多穿衣风格选择，宋朝初期沿袭了魏晋遗风的上衣下裳。北宋中后期民生倒退，社会危机严重，越来越多的文人因其无力改变宋朝内忧外患的现状，将心思放在了仕途之外，穿道袍就成了一种潮流，是一种超然遁世的愿望表达。

宋朝的道服还保持着上衣下裳和簪冠的形制。道家的首服还有道巾，种类很多，如纯阳巾、紫阳巾、幅巾、混元巾等。宋朝史绳祖在《学斋占毕》中记载：“然冠、履两事，反使今

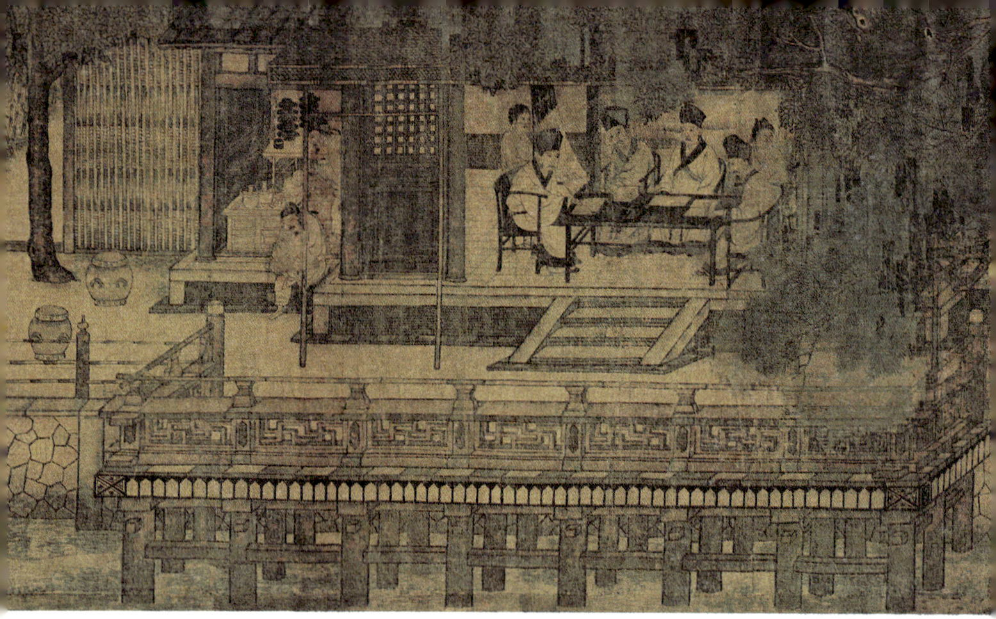

（宋）李公麟《会昌九老图》，辽宁省博物馆藏

之道流得窃其所以，坚执不变，凡闲居则以巾覆冠，及谒见士大夫并行科升章则簪冠而彻巾穿舄，是三代之制，尚于羽士见之。”

宋朝画家李公麟所绘的《会昌九老图》中，能够清楚地看到宋朝道服的样式：交领斜襟，对襟大袖，衣缘四周镶有黑边。这幅《会昌九老图》描绘的是白居易在洛阳香山与友人的“尚齿”之会，虽然是唐朝的故事，但无论是服饰还是院落都是宋朝的风格。

在五代时，蜀地就已经有很多百姓穿道服，连宫中的人都不例外。《旧五代史》记载：“时宫人皆衣道服，顶金莲花冠，衣画云霞，望之若神仙。”南唐第二位皇帝李璟也曾穿道

（北宋）赵佶《听琴图》，故宫博物院藏，画中宋徽宗赵佶身着道袍，于松下抚琴

服见诸学士。以前虽然也有人穿着道服，但未形成流行趋势。

宋朝道教受到了天子推崇，皇帝不仅大兴道观，自己也会穿道服，还会赏赐道服给官员和道士。例如宋徽宗在位时常穿道服，在被俘虏之后也身穿道服，侧面说明了道服在宋朝的流行程度。

官员在非公务会客时也会穿道服，不过这种情形，一般是会见比自己地位或者辈分低的人。文人在书斋、学堂或闲逛的时候，都有穿道服的习惯，王禹偁的《送礼部苏侍郎赴南阳》诗中写道："书斋着道装。"另一首诗中写道："笋蕨供家馔，园林着道装。"另一个穿道服的大群体就是归隐的文人了，文人穿道服比较灵活，不拘于巾、服、鞋齐备，欧阳修在致仕后经常穿道服，戴华阳巾，但很少穿道履。苏东坡则是喜欢穿道服，不戴道巾，而戴乌帽。归隐文人穿道服更多是为了表达自己"不仕"，传达想要纵情山水之意。这些文人所穿的道服其实都是道士的常服，形制上简单很多。道服的冬衣是与裘相似的毛皮衣服，紫色为表，青色为里，平时所穿的即"斜领""两裾直垂"的直裰了。南宋陈鹄所著《耆旧续闻》里记载了道教全真派祖师吕洞宾的日常装束："系青结巾，黄道服，皂绦，草履，手持棕笠。"宋朝文人穿的道服都比较简单，"楮符布褐皂纱巾，曾奉西垣寓直人"，用粗布、蕉布缝制成的褐衣，鞋子也多为布鞋、草鞋，还有用椰壳做的道冠。道士的法服要更加正式一些，有云履（即飞凫步云舄）、星冠（即七星冠）、道裙（即六幅华裙），以及云袖、羽服、帔、朝简等七部分。这七部分构造比较复杂，做工精细，外表华丽，道士在举行法事的时候必须都穿戴齐备，缺一不可。

文人道服与道士法服颜色相似，文人道服的颜色多为黄色，跟道教法服的规定用色一致，所以很多时候文人道服也被叫作“黄道服”。紫色是法服颜色的最高等级，被认为是高道大德的象征，普通道士和非道教人士不能穿着。不过，崇信道教的宋徽宗也穿紫道服，还把紫色道服赐给了北宋道士林灵素，尽管这个林灵素被《宋史》评价为“欺世惑众”之人。

（宋）《缂丝释迦牟尼像》，台北故宫博物院藏

一寸缂丝一寸金的《缂丝释迦牟尼像》

佛教传入中国后，最初被视为黄老神仙方术的一种。到了南北朝时期，佛教在全国传播开来，各地陆续出现了很多

学派。隋唐时期佛教进入了鼎盛时期，形成了众多宗派，进入宋朝以后，佛教各派均向儒家靠拢，因为宋朝的开放、兼容，佛、儒、道的矛盾渐渐减小。

这幅《缂丝释迦牟尼像》是宋朝难得的佛教缂丝精品，收藏于台北故宫博物院。画面中，释迦牟尼佛端坐在莲花宝座上，披着袈裟，袒露右肩，覆盖左肩，双手结禅定印，表示禅思，有使内心安定之意，双脚为跏趺坐，也称“金刚坐”，是在禅定时常用的坐姿，也叫“如来坐”。这种露右肩盖左肩的穿衣方式叫作“偏袒”，因为古印度的服饰为一片式，在弟子进行询问时，露出右肩，表示尊敬，也因为右手是做事情常用的手，露出也有“有事弟子服其劳”之意。

缂丝工艺在汉代就已经产生，宋朝缂丝的技法继承了唐代的缂织方法，但是花纹更加精致富丽。唐朝的缂丝多用来制作实用的丝织品，技法上主要受织成锦和纬锦方法的影响，以平缂为主，也有构、掼和搭梭等缂织法。其纹样也比较简单，多为几何花纹，色彩主要是平涂的块面。因为没有晕色匹配，所以色彩层次不够丰富。不过因为唐朝经济发达，当时已经有金线做地纹，增强了整体的装饰效果。

宋朝对缂丝进行了升级，不仅花纹更加精细，纹样结构也有了新的变化，还创造了“结”的戗色技法。当时很多缂丝制品都是用来做书画包首和经卷的封面，像书法大家王羲之、王献之的作品就常用缂丝做装裱。北宋时，缂丝制品最大的变化是从实用品转向工艺品。受当时画院的影响，缂丝工匠开始临摹文人画。当时技术高超的匠人们利用小梭可以随意断线换梭赋色的特性，能够缂织出有皴染效果的绘画作品和书法作品。清代书画鉴赏家卞永誉评价宋朝缂丝“文绮装成，质素莹洁，设色秀丽，界画精工，烟云缥缈，绝似李思训”。李思训是唐朝金碧山水画的创始人，画风精丽严整，细节栩栩如生，宋朝缂丝临摹的书画能得到如此高的评价，可见其技艺的高超。直到南宋，很多优秀的缂丝作品都是摹缂唐宋名家的书画，从山水、人物、花卉、禽兽到隶、篆、正、草等书法作品，缂丝是对原作品的升级再创造，有时价值甚至超过原作。

宋朝最有名的缂丝名家是朱克柔，她创作的缂丝作品，不管是花鸟、人物都非常精巧，晕色和谐、形象生动，表面紧密丰满，立体效果极佳。连宋朝皇帝都派人去江南寻找她的作品，宋徽宗还亲笔在她的一幅《碧桃蝶雀图》上写了首诗："雀踏花枝出素纨，曾闻人说刻（缂）丝难。更知应是宣和物，莫作寻常黹绣看。”靖康之难后，宋高宗迁都临安，很多名工巧匠也被带到了南方，缂丝从这个时候开始在松江、苏州一

（宋）朱克柔《莲塘乳鸭图》，上海博物馆藏

带发展起来，所以有“北有定州，南有松江”的说法。

宋朝时期的缂丝作品除了鸟兽、花果之外，与佛教、道教有关的缂丝作品也比较多，因为当时很多作品蓝本悉取院体绘画精品，而宋朝院体画里又有大量与佛教、道教相关的作品。除了这幅《缂丝释迦牟尼像》之外，还有《缂丝青牛老子图》《缂丝观音造像》等，从这些缂丝作品也可以看出宋朝佛教、道教的兴盛。

（宋）朱克柔《山茶蛱蝶图》，辽宁省博物馆藏

神像的服饰——云肩与蔽膝

佛教受到人们推崇，佛像的存在就变得非常重要。各朝各代的能工巧匠用金银、铜铁、泥土等材质雕刻着心中“佛”的样子。但宋朝的佛造像很“接地气”，不再是唐代之前那种高高在上的感觉，长相也更加“亲民”。宋朝的道教造像深受佛造像的影响。

宋朝道教盛行，不仅在宫廷，在民间更是如此，道教不断地向世俗化、社会化方向发展。宋朝的道教造像风格呈现了世俗朴实的风貌。同佛造像相似，道教造像用到的材质有很多，如金铜、玉石、木雕、泥塑等。这些塑像中，彩塑被认为最有特色，最能代表宋朝神像塑像的艺术高度。

在温州的白象塔出土过 42 尊造像，其中彩塑造像的精美程度令人咋舌。白象塔筹建于北宋崇宁三年（1104），直到政和五年（1115）才全部建成，是宋朝时著名的佛塔。这尊收藏于浙江省博物馆的彩塑泥太阴天子立像，头戴花冠，宝缯垂下至肩部。面部圆润丰满，双目微启，面带笑意。身穿赭

北宋泥太阴天子立像，浙江省博物馆藏

红色交领云肩宽袖长袍，脚穿云头履。整尊立像比例舒适，神态闲适自若，衣饰贴体简约，充分展现了北宋道教造像的特点。该塑像的人物面貌完全是生活化了的世间人物，符合宋朝人的审美倾向。

云肩是披肩的一种，佛教中常见的四合如意形云肩，在秦汉之前的文献中无文字记载，相关图像最早出现在敦煌壁画中，壁画上的观音菩萨身上就披着云肩。

古时候关于云肩还有个有趣的说法，传说云肩是神仙的专属服饰，是仙人肩上的羽衣所化。早期云肩的造型就像是翅膀缀于肩膀两侧，这种款式的云肩在宋朝时成了最流行的款式。普通人也有穿云肩的习惯，在南宋画家宫素然的《明妃出塞图》中，王昭君就披戴着云肩。

云肩虽然出现在佛像身上居多，但人们普遍认为其形状和上面的图案都暗含道家的思想。云肩常见的形状是外圆内

（南宋）宫素然《明妃出塞图》，日本大阪市立美术馆藏

方，象征着天圆地方，加上云肩的形状是围绕颈部向外延伸，有种向周围放射的感觉，像是对太阳崇拜的抽象化表达。因为其形制多为四方、八方，也顺应了古代造物的四方四合、八方吉祥。

宋朝，云肩上有着“一年景”的四季花果，作装饰的同时也表达了人们对美好生活的向往。同样是肩部的装饰，云肩和宋朝使用更多的霞帔有很大区别：霞帔多为宋朝女子正式场合时穿着礼服的装饰部分，纹样和样式跟穿着人的品级高低有很大关系，霞帔等级的区分更加明确，云肩的使用相对来说受到的限制比较小。

宋朝佛、道教走向世俗化，佛像上的衣饰与世俗中人也越来越接近。彩塑立像下身的蔽膝在宋朝很多人都会穿着。关于蔽膝的解释，在《说文》中有“祎，蔽膝也”的描写，就是指遮蔽大腿到膝盖部位的衣物。在商朝的时候，蔽膝是区别身份等级的象征。后来蔽膝逐渐变“长”，成为一种长布，但其主要作用还是用来遮住腿部。一方面是为了更加得体，另一方面是为了更方便，农妇在地里劳作的时候，会用蔽膝围住下身，避免将衣服弄脏，这种就有点像现在的围裙了。

宋朝继唐朝，将蔽膝和大带一起加入皇后的礼服——袆衣中去了，史书记载有唐朝“六服俱有蔽膝”，宋朝“蔽膝随裳色，以緅为领缘，用翟为章，三等。大带随衣色，朱里，纰其外，上以朱锦，下以绿锦”。这两者的加入，让皇后的袆衣更为庄重大方。

杂剧艺人的服饰

宋朝城市商品经济繁盛，即使是最底层的百姓都能在城里混个营生，维持温饱。加上文人士大夫的地位较前朝有所提高，一些满足人们精神生活需求的行业就应运而生了。宋朝的杂剧就是在继承唐朝歌舞大曲、民间说唱、杂耍等艺术形式的基础上融合发展而成的。其表演内容多取材于生活日常，形式包括了歌舞、调笑、音乐、杂技。一段杂剧包括三段：第一段是引子，内容是日常熟事；第二段是主要部分，有故事、说唱或者舞蹈；第三段叫作三段，也叫作杂扮，表演滑稽、调笑，视情况还会有杂技表演。

丁都赛就是这样一个表演杂剧的女艺人。当时东京有四大杂剧名角儿，即丁都赛、杨总惜、薛子小、凹敛儿，其中当数丁都赛最为著名。宋朝孟元老的《东京梦华录》中记载：“驾登宝津楼，诸军百戏，呈于楼下……后部乐作，诸军缴队杂剧一段，继而露台弟子杂剧一段，是时弟子萧住儿、丁都赛、薛子大、薛子小、杨总惜、崔上寿之辈，后来者不足数。”

丁都赛平时都是在瓦舍中演出，到了元宵节这种重要节日，皇城正门会搭建表演的露台，丁都赛会登台为皇帝和一众皇亲表演。

在北宋平剔线刻杂剧的砖雕上，丁都赛作男子装扮，侧身站立，幞头诨裹簪花枝，身上穿着圆领小袖开衩衫，腰间系有腰带，下身穿着钓墩袜裤，脚上穿靴，后背插一把团扇。这种奇特的装扮是宋朝民间杂剧艺人的“演出服”，除了头上戴着的诨裹簪花枝，与宫廷教坊杂剧演员“官式”服装大不相同。

北宋平剔线刻杂剧砖雕，郑州市华夏文化艺术博物馆藏

丁都赛的钓墩属于民间服饰，在宋朝妇女中也非常流行。丁都赛虽然是著名艺人，但平时的演出还是以在勾栏瓦舍为主，身上穿着的衣服自然要贴近普通百姓，这样才能让表演更有代入感，也能拉近与观众之间的距离。宫廷中的杂剧演员则要按照规定去穿衣服，民间的却可以根据表演内容，对自己的服饰进行调整。

从砖雕来看，丁都赛的角色应该是滑稽逗乐的副末色，《都城纪胜》云：“副净色发乔，副末色打诨。”在杂剧的画作

（宋）《杂剧打花鼓图》，故宫博物院藏

(宋)《眼药酸图》，故宫博物院藏

中，常会有表明身份的团扇，像杂剧《打花鼓图》中，一人背后也有扇子，上书“末色”二字。杂剧《眼药酸图》中有人的扇子上写了“诨”字，应是打诨角色的特征。

其中比较引人注意的是丁都赛的首服——诨裹。诨裹为头巾的一种。宋朝的文献中对诨裹也多次提及，《梦粱录》中有“上公称寿，率以尚书执注碗斟酒进上。其教乐所色长二人，上殿于阑干边立，皆诨裹、紫宽袍、金带、黄义襕，谓之‘看盏’……诸杂剧色皆诨裹……”的记录，还有宋朝宫廷的小儿戴诨裹簪花幞头。杂剧《打花鼓图》中的杂剧演员，将幞头相互缠绕，与日常的幞头有一定的差异。《眼药酸图》上面“诨”角的头巾朝天裹缚，上面还扎着麻绳。诨裹没有特定的裹法，只是为了增加演出滑稽逗乐的效果。杂剧的兴起也带动了宋朝的商业繁荣，《西湖老人繁胜录》里记载临安有专门制作“诨裹”的铺席，说明诨裹在百姓的生活中也有一定的市场。

丁都赛的诨裹上簪了大朵的叶子花，这也是杂剧演员的常见装饰。《梦粱录》中有相关装饰方式的记载：“教坊所伶工、杂剧色，诨裹上高簇花枝。”《打花鼓图》中的副末色头上也有簪花。这种略显夸张的首服是为了使表演更加幽默、滑稽，时人对杂剧最大的要求就是“杂剧全用故事，务在滑稽”。宋朝陈善的《扪虱新话》里也说：“山谷常言：‘作诗正如作杂剧，初如布置，临了须打诨，方是出场。’予谓杂剧出场，谁不打诨，只难得切题可笑也。”只有在宫中表演时，“为有使人预宴，不敢深作谐谑”。这时候表演可以好看，但不能过于好看，如果有贵人因太过好看有了不雅的举动，最后倒霉的还是表演的艺人。

丁都赛下身穿着的钓墩属于契丹、女真之物。《宋史·舆服志》记载：“钓墩，今亦谓之袜裤，妇人之服也。”钓墩属于妇女胫衣的一种，形似勒袜，就是类似于筒袜的筒儿，上面无腰无裆，穿的时候要紧束在小腿上，上至膝盖，下到脚踝。《打花鼓图》中的副净色就是内穿抹胸，外穿小袖对襟旋袄，膝上穿着网状的钓墩。在当时，钓墩已经是非常普遍且流行的服饰了，很多杂剧演员都会穿。有记载云：“女童皆妙龄翘楚，结束如男子，短顶头巾，各着杂色锦绣，捻金丝番段窄袍，红绿吊敦束带。”

钓墩是来自外族的服饰，宋朝统治者曾多次下令禁止胡服。北宋政和七年（1117）所颁的杂服禁令中就提到了钓墩，“敢为契丹服若毡笠、钓墩之类者，以违御笔论”。宋仁宗在位时也颁布过“禁士庶效契丹服”的命令。当时的达官贵妇自然不敢违背，但对演戏的艺人来说，则不在这种禁令之列。当时法律有明文规定：“伎乐承应公事，诸凡穿着不受法令限制。”也就是说，在日常生活中，服饰受到限制，不可僭越，但在上台表演的时候，是可以按照剧中人的身份穿戴的。正因为有这样的规定，丁都赛等杂剧艺人才可以穿着钓墩进行演出。

寒光照铁衣 宋朝士兵的服饰

士兵最重要的护具——头盔

虽然宋朝重文轻武是出了名的，但宋朝的士兵装备却并不逊色，士兵人数也并不少。宋太祖赵匡胤就是军人出身，非常清楚士兵装备的重要性，他很重视武器装备的设计和生产。

（北宋）李公麟《免胄图》卷（局部），台北故宫博物院藏

开宝元年（968），宋太祖在汴京设立了弓弩院，生产弓弩、器械、甲胄、御镫等军用物品。之后不久，朝廷又设立南、北兵器作坊，武器质量得到了“戎具精劲，近古未有”的超高评价。

在古代的军服分类里，专门用来保护头部的叫“盔”，就是首铠，也叫“兜鍪”。宋朝著名画家李公麟的《免胄图》卷中便能看到宋朝士兵兜鍪的多种形制。

《免胄图》又名《郭子仪单骑见回纥图》，描绘的是唐朝名将郭子仪说服回纥大破吐蕃的故事。虽然画的是唐朝的事，但人物的盔甲样式都是宋朝的。兜鍪本来是指一种形同口袋，带有一定可变性的头盔。大多数兜鍪不仅能保护头部还能兼顾颈、喉，有的甚至连整个面部（除了眼睛）和肩部都能保护到。在战国之前的头盔都叫作“胄”，之后随着技术不断更新，保护的位置越发全面，名称也改作“兜鍪”。宋朝大词人辛弃疾在《南乡子·登京口北固亭有怀》写道：“年少万兜鍪，坐断东南战未休。天下英雄谁敌手？曹刘。生子当如孙仲谋。”

《免胄图》卷中，郭子仪的侍卫总共佩戴了四种兜鍪，分别为笠形盔、凤翅盔、莲沿笠形盔、无名盔型。就材质来说，其主要有皮革、青铜、钢、铁四种，不同地位的将士会佩戴不同材质的头盔。宋朝的很多头盔样式都被后来的朝代继承，再根据不同朝代的形制进行改良。

笠形盔在宋朝首次出现，形状像倒扣的碗，在脖子的部位有顿项。顿项由甲片穿接而成，可以包围在头盔四周或后面，起到保护脖子、肩部的作用。笠形盔上面还会装饰祥云纹。这种款式比较简洁，防护效果也不错，在南宋、元朝和明朝都很流行。

除了简单的笠形盔，还有样子和名称相对“华丽”的凤翅盔，能戴这种头盔的，多为军中有一定职位的官员。关于凤翅盔的出现时间，还有很大争议，因为没有实物出土，现在普遍认为在唐朝时期有类似的头盔出现，这种凤翅造型的头盔也可能是受到外来文化的影响。凤翅盔由盔体、盔缨、盔脊、抹额、顿项、凤翅六大部分构成，最特别的就是头盔左右两侧如同凤凰翎毛一样根根乍起的小翅膀了。凤翅盔在盔脊、盔沿的部位还有祥云、浪涛形状的贴片包边，正前方抹额和盔脊的交接处有团花装饰。在北宋曾公亮和丁度的军事著作《武经总要》中就记录过凤翅盔的图样。

在《免胄图》靠近中间的位置，有位手牵战马的军官，他戴的头盔有些像开了花的笠形盔，头盔的边沿翘起如同片

（北宋）李公麟《免胄图》卷（局部）

片莲花，造型十分奇特，这种头盔被叫作“莲沿笠形盔”。还有一种头盔没有确切的名字，在护颊两侧没有凤翅形装饰，其形制在《武经总要》中也有记录。

虽然头盔样式各不相同，但在顶部都会有个高高扬起的装饰物——盔缨。“缨”本义指帽带，系于脖上，引申为穗状装饰物。因为绑在兜鍪顶上，所以叫作“盔缨”。现存发现最早的盔缨在商朝的青铜胄顶上，因时间久远，雉羽早已腐坏，胄顶留有一根装毛饰的铜管，当时的禁卫军就是用羽毛作盔缨以标明身份的。

盔缨的材料除了好看的野鸡尾羽外，还有牛马尾毛、染色的丝麻纤维等。到汉唐之后才正式出现丝缨。盔缨在战场上的作用有很多。首先是身份地位的象征，只有高阶军官才有资格在头盔上装饰华丽醒目的盔缨；其次是作为一种风向标，可以让士兵更好地找到将领的位置，更好地保护和听从指挥；除此之外，还可以在厮杀中避免误伤自己人……可以说小小的盔缨，有大大的作用。

除了上面四种头盔之外，还有一种叫作“范阳笠”的头盔。其笠子一般为皮质或者毡制成，边沿像是反扣的笠盔，是宋朝普通士兵和军士的帽子。在士兵平时训练执勤时，会用戎服配帽，可以起到遮阳和遮雨的作用。也不排除有士兵会戴这样的帽子上战场，毕竟铁质头盔不一定能人手一个，有帽子总比没帽子强。

虽然宋朝舍得在军队上花钱，但是铁质头盔的数量还是不能满足全部士兵的需要，除了军费的问题，铁的产量也是制约铁质头盔生产的重要原因。在宋神宗时期，军费开支占到了财政收入的六分之五，产铁量已经达到了 1.65 万吨。尽管如此，还是无法生产足量的铁头盔，铁除了制作防具外，还要制作武器甚至钱币，全员佩戴铁头盔确实不现实。

备受争议的铠甲——山文甲与锁子甲

有着“弱宋”名号的宋朝，却是中国历史上盔甲最精密的朝代。宋朝，盔甲工艺有了长足的进步，对军队盔甲的样式、甲叶数量、重量等都有严格的规定。从余姚南宋史氏家族墓前的石像可以一窥宋朝武将盔甲的式样。

余姚南宋史氏家族墓前的武将石刻

史氏家族被称为“南宋四明史氏”，在南宋短短的百余年时间里，从一个普通人家发展成名门望族。民间流传着“一门三宰相，四世两封王”“五尚书、七十二进士”“满朝文武，半出史家”的说法。在史氏家族墓前的武将石刻，是南宋石刻的代表。

石像上，从盔缨、兜鍪、展翅的头盔到领巾、胸甲、臂甲、腹甲、腿甲、靴子，还有肩兽、抱肚、腰带、勒帛、臂鞲等，装备齐全。虽然是墓前镇守的将军，但铠甲形制放在南宋的将军中也算是豪华的。为了美观，盔甲上还增加了一些装饰，虽然与士兵的实战铠甲有区别，但也可以作为南宋御林军装备的参照。

在北宋时期重建过的太原运城关帝庙门前有一个半身的石像（现藏于关帝庙博物馆），其铠甲更接近于宋朝上战场的甲胄形式，这个半身石像现在能看见的就是头盔、身甲、披膊、肩兽和臂鞲，以及甲片上的凸起，下半身的形制已经看不见了。

从史氏家族墓前武将石刻的甲片外形来看，呈现出“山”字形，甲片中间凸起，各个甲片互相叠压，整体编缀之后，边缘还会封闭。但对于这种甲胄的名字以及形制一直存有争议，有人认为其外形就是史料中记载的山文甲，但有人认为山文甲是锁子甲的一种，只是表现出的甲片外形不一样。

在传为宋朝画家李公麟所绘的《维摩演教图》中，其天王像胸甲上的纹路像是锁子甲，裙甲像是山文甲，同样的纹饰在南宋大足石刻中同尊天王身上也有出现。所以有一种观点认为，锁子甲中有一种“七环相扣”的高级类别就是山文甲的原型。因为没有实物出土，靠壁画、画作和石刻无法做出准确的判断，对山文甲和锁子甲的争论也一直没有定论。

宋朝铠甲多为铁甲，在汉朝之前，士兵的盔甲多为皮甲，也有铜甲。不过考虑到铜甲的重量，仅在一些礼仪场所展示威严所用，上战场还是以皮甲为主。春秋战国时期记述官营手工业各工种规范和制造工艺的文献《考工记》中写道：“函人为甲，犀甲七属，兕甲六属，合甲五属。犀甲寿百年，兕甲

（北宋）传李公麟《维摩演教图》卷（局部），故宫博物院藏

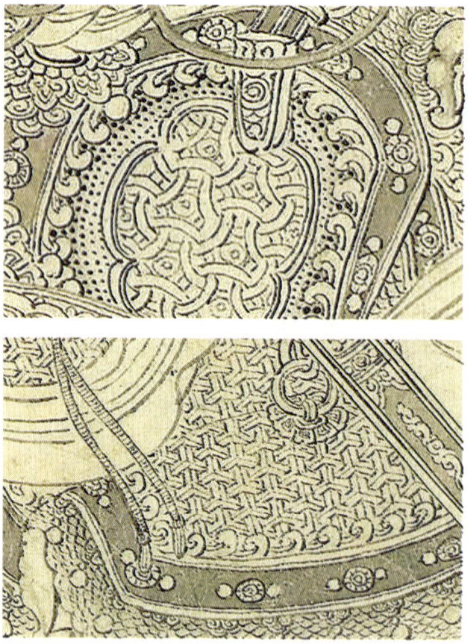

（北宋）传李公麟《维摩演教图》卷（局部）

寿二百年，合甲寿三百年。”书中记录了不同皮子制作甲的片数与使用寿命，如犀牛皮软，做甲要用七片，由多层皮革合起来制作的甲最硬，只用五片就可以。到唐朝时，实战中还是以铁甲为主，除此还有皮甲和绢布甲。绢布甲基本没有什么防御能力，只是外形美观，多用来做仪仗或者武将的常服。

宋朝的盔甲和之前相比有很大的变化，首先是头盔，披膊有所延长，还增加了面具，这些可以最大限度保护头、脸、颈、肩。再就是护裆的雏形已经出现，加强了对下腹部的保护，腿甲也有所加长，扩大了保护范围。从整体来看，甲叶从方形的大叶换成了小叶的山文甲、鱼鳞甲。盔甲薄弱的结合部分减少，安全性有所提升，但重量也较之前增加不少。

宋朝的铠甲种类很多，有钢铁锁子甲、明举甲、明光细网甲、黑漆顺水山字甲、步人甲等。《武经总要》中记载：“宋甲以甲片掩护胸、背，带子从肩上连系；腰部用带子从后向前束，腰间下垂左右两片膝裙；上身缀披膊。”宋朝钢铁锁子甲的形制与唐朝相似，属于高级将领才能用的特殊铠甲，使用范围比较小。

锁子甲也叫作“环锁铠”，由金属小环通过紧密排列套扣在一起。锁子甲在宋朝的很多文献中都有记载，在《宋史》

中马知节传里就写到大将马知节因议边得当，皇帝“因命制铜铁锁子甲以赐焉”。当时的铠甲分为三等，铁的等级最高。《武经总要前集》中记载：“贵者铁，则有锁甲。”按照记载推断，锁子甲应该只属于少数得过功勋的高级将领，杜甫的诗中也有“雨抛金锁甲，苔卧绿沉枪”的句子。

编织锁子甲的金属环越小，制作成的铠甲就越密实，防御力就越高，也被称为“铁罩衫”，现代很多小说、电视剧里提到的金丝软甲，其原型就是用细铁丝织成的锁子甲，金丝无法用于战斗，因纯金丝质软，没有什么防御力。据说如果甲片制造得比较精巧，匠人手艺够好的话，可以做到全甲无甲钉无丝线。山文甲与锁子甲都是比较高级的铠甲，但山文甲没有实物出土，通过石刻或者画作，很难界定甲片的花纹是艺术的加工还是写实的。

最重与最轻的铠甲——步人甲与纸甲

在痛失养马之地燕云十六州之后，宋朝的战马一直处于紧缺状态，想要形成大规模的骑兵非常困难。但为了更好地应对拥有大量骑兵的敌国，宋朝只能不断在步兵的装备上努力，宋朝的步兵也因此有了史上最重的铠甲——步人甲。

在南宋四川彭山的虞公著夫妇墓内，就有身穿盔甲的石刻甲士的浅浮雕像。该雕像立于虞公著夫妇墓西墓室的门下，刻在东西两侧的门柱上。两名甲士像高 1.12 米，头戴兜鍪，颈侧有顿项，身甲、肩甲、胸甲、臂甲和裙甲都能看见，腰上还配有弓囊，手里握着环首战刀，非常威武地站在云台座上。

步人甲属于宋朝非常典型的铠甲，为步兵所用。步人甲的胸甲、腹甲和腿裙、鹘尾连为一体，展开的时候会形成一个平面，通过带子将肩、胸、背连接起来，腰部也有带子，从后面往前面系，腰下还有两片膝裙下垂。步人甲由铁质的甲叶用皮条或者甲钉连缀而成，是典型的札甲，防护范围包括全

宋代身穿盔甲的石刻甲士，虞公著夫妇墓

身，重量也是同时期盔甲中的翘楚，《武经总要》中详细记载了步人甲的形制。

《宋史》中记载了对每个部位的甲叶数以及每片甲叶重量的要求："……甲身叶三百三十二，每叶重四钱七分；又腿裙鹘尾叶六百七十九，每叶重四钱五分；又兜鍪帘叶三百一十，每叶重二钱五分。并兜鍪一，杯子、眉子共一斤一两，皮线结头等重五斤十二两五钱有奇。每一甲重四十有九斤十二两。若甲叶一一依元领分两，如重轻差殊，即弃不用，虚费工材。乞以新式甲叶分两轻重通融，全装共四十五斤至五十斤止。"这种重量足以说明步人甲已经属于重甲，而且在制造上非常严格。

因为铠甲过重，对步兵机动性有很大影响。为了更好地对抗女真重甲骑兵，宋朝还生产了大量的大刀、大斧。这种装备在古代可以说是“武装到了牙齿”。在绍兴十年（1140）前后，宋朝军队达到了最强盛的时期。当时的名将韩世忠、岳飞等率领以铁甲、长枪、劲弩为主要装备的重步兵，屡屡击败金朝骑兵。在宋高宗绍兴十年时，宋军和金兵的郾城之战，岳飞就指挥装备有大刀、大斧的装甲步兵，用两翼摆开阵势的方式，有效阻止了金军装甲骑兵的进攻。在当时用大刀对付装甲骑兵的进攻，采取的都是大刀先劈砍马腿，马倒人翻之后，再对准骑兵胸部猛砍。

铁质的步人甲防御全面，但铠甲过重给士兵体力造成了很大负担。当时还有另外一种盔甲很受欢迎，战士甚至愿意用铁甲去换，那就是纸甲。宋代的纸甲是最低等的铠甲，但使用量却并不小，在一些特殊部门或地区，远比铁甲受欢迎。南宋的真德秀在任泉州知州时，曾经上奏折说：“所有本寨军器却稍足备，但水军所需者纸甲。今本寨乃有铁甲百副，今当存留其半，而以五十副就本军换易纸甲。”对于水军来说，铁甲易生锈且笨重，自然不如纸甲灵活性高。

宋朝，纸甲广泛应用于南方军队和水军，而且列入官方正式的装备。宋仁宗康定元年（1040）四月，就曾经“诏江南、淮南州军造纸甲三万，给陕西防城弓手”。这么多的纸甲所需要的纸自然也不是小数目，司马光在《涑水纪闻》里记载了这次纸甲的“原材料”，“诏委逐路州军以远年账籍制造”，用陈年的账簿制造，也算是宋朝的回收再利用了。

那时候的纸甲属于混合制品，由纸、绢、棉等材料混合，用大锤子捶轮。最后的甲片厚度约为三寸，大约有一本字典的厚度，在上面还会钉上四个钉子，“襞纸为铠，劲矢不能洞”，刀箭很难刺穿，而且遇水也不会轻易散开，反而会因为遇水，纸甲变得更加牢固。单纯就防御力来说，纸甲和铁甲相比并没有逊色很多，只不过耐用度比铁甲的要差些。虽然穿上一身的“字典”也不轻，但比起动不动就几十斤的铁甲，纸甲只能算是轻量级选手了。

纸甲的优势还在于便宜易得，很多州县的乡兵甚至私制纸甲。在宋神宗时期就规定私造纸甲五领者绞，在宋朝的刑罚中算是很重的处罚了。因为这些优良的特性，纸甲一直到清朝都还在使用。只是对手的装备不再是刀、箭，而是洋枪、大炮，原本的防御力也变得不值一提了。

责任编辑：唐念慈
装帧设计：李腾月
责任校对：高余朵
责任印制：汪立峰　陈震宇

图书在版编目（CIP）数据

藏在文物里的两宋史 . 服饰篇 / 南宋书房著 . -- 杭州 ：浙江摄影出版社 , 2024.7
ISBN 978-7-5514-4803-1

Ⅰ . ①藏… Ⅱ . ①南… Ⅲ . ①中国历史 – 宋代 – 通俗读物②服饰 – 历史 – 中国 – 宋代 – 通俗读物 Ⅳ . ① K244.09 ② TS941.742.44–49

中国国家版本馆 CIP 数据核字 (2023) 第 234849 号

CANG ZAI WENWU LI DE LIANG SONGSHI. FUSHI PIAN
藏在文物里的两宋史 . 服饰篇
南宋书房　著

全国百佳图书出版单位
浙江摄影出版社出版发行
地址：杭州市环城北路 177 号
邮编：310005
电话：0571–85151082
网址：www.photo.zjcb.com
制版：壹品设计工作室
印刷：杭州捷派印务有限公司
开本：889mm × 1194mm 1/32
印张：6.5
字数：109 千
2024 年 7 月第 1 版　　2024 年 7 月第 1 次印刷
ISBN 978-7-5514-4803-1
定价：68.00 元